경북의 종가문화 16

임란의병의 힘,
영천 호수 정세아 종가

경북의 종가문화 16

임란의병의 힘,
영천 호수 정세아 종가

기획 | 경상북도 · 경북대학교 영남문화연구원
지은이 | 우인수
펴낸이 | 오정혜
펴낸곳 | 예문서원

편집 | 유미희
디자인 | 김세연
인쇄 및 제본 | (주) 상지사 P&B

초판 1쇄 | 2013년 1월 14일

주소 | 서울시 성북구 안암동 4가 41-10 건양빌딩 4층
출판등록 | 1993. 1. 7 제6-0130호
전화 | 925-5914 / 팩스 | 929-2285
홈페이지 | http://www.yemoon.com
이메일 | yemoonsw@empas.com

ISBN 978-89-7646-294-7 04980
ISBN 978-89-7646-288-6(전8권)
ⓒ 경상북도 2013 Printed in Seoul, Korea

값 17,000원

경북의 종가문화 16

임란의병의 힘,
영천 호수 정세아 종가

우인수 지음

예문서원

지은이의 말

　　영천은 필자에게 오랜 여러 인연이 얽혀 있는 친숙한 곳이다. 비록 스스로 기억하지는 못하지만 전해 들은 이야기로 추억이 되어 버린 다섯 살 시절의 자천리, 대학 졸업 후 첫 발령지였던 북안면의 영안중학교, 스물여섯 나이에 장교 훈련을 받던 고경면의 충성대와 그때 누볐던 영천의 산하들, 함께 재직하던 정극 교수로부터 정만양鄭萬陽 규양葵陽 형제의 문집을 전해 받아 연구논문을 쓰던 중 답사한 횡계리 등이 기억의 한편에 아련히 자리 잡고 있다.

　　이러한 나의 영천에 대한 사적인 인연을 알 리가 없는 경북의 종가문화 연구사업의 책임자인 국어국문학과 정우락 교수로부터 호수湖叟 정세아鄭世雅 종가에 대한 원고 의뢰를 타진하는 연락을 받았다. 그는 집필자 선정 회의에서 내가 적임자로 추천되었다는 말도 덧붙였다. 눈앞에 쌓인 묵은 일 때문에 몇 차례 사양하면서 망설였으나 그의 청을 거절하기에는 그에게서 입은 신세가 너무 컸고 그동안 쌓인 정이 너무 끈끈하였다.

나의 개인적인 영천과의 인연과 연구책임자 정우락 교수와의 이런저런 인연이 교차하면서 이번 호수종가에 대한 나의 집필은 그리될 수밖에 없는 필연처럼 생각되었다. 한결 마음이 편안한 것이 즐기면서 할 수 있을 것도 같았다.

2012년 올해 임진년은 1592년 임진왜란이 일어난 지 꼭 7주갑이 되는 해이다. 420년 전 우리 민족에게 닥친 시련은 참으로 혹독하였다. 수많은 사람들이 부모를 잃고 처자식을 잃었으며, 생활의 터전을 유린당하였다. 조선이라는 한 왕조의 운명도 풍전등화와 같이 위태롭기 짝이 없었다. 그러나 우리 민족은 하나로 뭉쳐 이 위기를 훌륭하게 극복하였다. 그 밑바탕에는 임란 초기 각지에서 떨쳐 일어난 의병이 있었다.

호수 정세아는 영천의 의병장이었다. 그는 인근 지역의 의병장 및 관군과 힘을 합쳐 영천성과 경주성을 수복하는 큰 전공을 세웠다. 이 두 성의 회복은 임진왜란사에서 큰 의미를 갖는 일대 쾌거였다. 경상도의 동북부지역을 온전하게 확보할 수 있게 되었을 뿐 아니라 왜군의 보급로와 통신망을 차단하여 왜군에게 막대한 차질을 안겨 주었다. 결과적으로 조선이 임진왜란을 극복할 수 있는 하나의 요인으로 작용하였다. 당시 조선 조정에서는 영천과 경주 수복의 공을 이순신의 공과 다를 바 없는 것으로 평가하였을 정도였다.

국가적 위기 상황에서 정세아는 영천을 대표하는 영일정씨 양반으로서 자신의 책임을 다하고자 한 인물이었다. 그와 함께 참전한 맏아들 의번宜藩은 경주성전투에서 장렬하게 싸우다가 전사하였다. 워낙 치열한 전투였기에 싸움이 끝난 후 아들의 시신조차 찾지 못하였다. 아비로서의 심정이 어떠하였겠는가? 전세가 어느 정도 안정된 후 정세아는 고향으로 돌아와 조용히 남은 생을 보냈으며, 그의 후손들은 조상의 충성과 의기義氣를 지금까지 기리고 있다.

조선시대를 연구하는 사람으로서 임진왜란 7주갑이 되는 해를 맞이하는 필자의 소회는 남다른 점이 있다. 의병장 정세아의 공적을 살피면서 그 종가에 대한 글을 쓰는 것은 앞에서 말한 필연을 넘어서서 역사가의 무거운 책무이기도 하였다. 한 목숨 바쳐 나라를 위해 싸우다가 장렬히 산화散華한 이 땅의 의병을 생각한다.

이렇게 지은이의 말을 쓰는 시점에 다다르니 이 책을 쓰면서

도움을 받았던 많은 사람들이 떠오른다. 영일정씨 하천종약회夏泉宗約會 정병극 회장과 정돈식 총무, 그리고 종손인 정현목 교수는 몇 차례에 걸친 면담 조사와 전화를 통하여 수시로 쏟아 내는 여러 가지 질문에 성실하게 응해 주셨다. 사진 촬영을 위해 어느 날 아침 훌쩍 떠난 답사에서 아무런 약속도 없이 우연히 호수종택에서 딱 마주친 횡계리에서 온 정극 명예교수는 그날 자신의 좋은 사진기로 제대로 찍은 사진을 디스켓에 담아 우송해 주셨다. 두 사람의 우연한 종택에서의 만남을 풍성한 과일과 시원한 막걸리로 축하해 줌으로써 오랫동안 기억될 좋은 추억 거리 하나를 만들어 주신 노종부의 따뜻한 배려도 잊을 수 없다.

    실무를 맡은 영남문화연구원 종가팀의 백운용, 손유진 두 선생은 종가 어른들과의 만남을 주선하였을 뿐만 아니라 집필에 필요한 사진과 동영상 자료를 제때에 맞추어 잘 제공하여 주었다. 책의 출간을 이 모든 분들과 함께 축하하며 기뻐한다.

2012년 8월
우인수

차례

지은이의 말 _ 4

제1장 영일정씨와 영천 _ 10
1. 이수삼산의 고장 _ 12
2. 정씨의 영천 입향 _ 15
3. 호수종가의 형성 _ 22

제2장 임란 의병장 정세아 _ 40
1. 임진왜란과 창의 _ 42
2. 영천성 수복과 그 의미 _ 48
3. 경주성 전투와 아들의 전사 _ 56

제3장 종가 위상의 확보와 계승 _ 62
1. 벼슬의 추증과 시호 하사 _ 64
2. 정만양·규양 형제 _ 74
3. 정환직·용기 부자의 산남의진 _ 84

제4장 종가의 제사와 문중 묘역 _ 96
 1. 종가의 제사 _ 98
 2. 명당 하천묘역 _ 120

제5장 종가의 건축문화 _ 126
 1. 호수종택과 주변 _ 128
 2. 강호정과 하천묘역 _ 137
 3. 선원리와 매곡리 _ 151
 4. 횡계리와 충효리 _ 164

제6장 종손과 종부의 삶 _ 174
 1. 사는 이야기 _ 176
 2. 변화 속의 지킴이 _ 182

제1장 영일정씨와 영천

1. 이수삼산의 고장

영천永川은 현재 경상북도 남동부의 중앙에 위치한 시이다. 동쪽으로는 포항시와 경주시, 서쪽으로는 경산시와 대구광역시, 남쪽으로는 청도군, 북쪽으로는 군위군, 청송군과 접하고 있다.

시의 동쪽은 운주산雲住山(806m) 등이 있어 태백산맥의 남쪽 줄기에 해당하고, 서쪽은 팔공산八公山(1,193m), 북쪽은 보현산寶賢山(1,124m)으로 둘러싸여 있는 완전한 분지 형태를 갖추고 있다. 그 사이를 자호천紫湖川·고촌천古村川·신녕천新寧川·고현천古賢川 등의 여러 하천이 누비다가 자호천과 고촌천이 만나 남천을 이루고, 신녕천과 고현천이 만나 북천을 이룬 다음, 남·북천이 다시 합류하여 낙동강의 큰 지류인 금호강琴湖江을 만드는 것이

조양각(서세루)

다. 그리하여 영천은 흔히 이수삼산二水三山의 고장으로 불리고 있다. 이수는 남천과 북천을 가리키며, 삼산은 위의 세 개의 큰 산을 가리킨다. 삼산을 작산, 마현산, 유봉산으로 보는 설도 있다.

이수삼산이라는 말은 조선 성종 대의 학자 서거정이 영천의 서세루瑞世樓 즉 조양각朝陽閣에 올라 읊었다는 시구인 "흰 구름 누런 학은 몇몇 때나 돌아왔나? 이수와 삼산이 차례로 열려 있네"(白雲黃鶴幾時廻 二水三山次第開)에서 유래하였다고 한다.

산과 물이 만나니 골짜기마다 크고 작은 전답으로 들어차 있고, 더러는 하류에 넉넉하고도 기름진 큰 들판을 형성하였다.

이 지역은 조선 초에는 고려에 이어 영주군永州郡과 신녕현新寧縣으로 나누어져 있었다. 1413년(태종 13) 영주군은 영천군으로 개명되었으니, 영천이라는 이름은 약 600여 년의 역사가 있는 셈이다. 1914년 군면통폐합 시 작은 고을이었던 신녕은 영천군에 흡수되었다. 1981년 영천읍이 시로 승격되어 시·군으로 분리되었다가, 1995년에 시·군의 통합에 따라 영천시와 영천군이 통합, 새로운 영천시가 되어 오늘에 이른다.

2. 정씨의 영천 입향

　　호수종택이 위치한 곳은 영천 대전리이다. 대전리는 영천시 서부동에서 청송·화북으로 가는 국도를 따라가면 길 왼편에 산을 등진 채 자리 잡고 있는 작은 마을이다. 동쪽으로 일명 구룡산이라고 부르는 야산이 자리 잡고 있으며, 마을 동쪽에 고현천이 흘러 강 주변에 비교적 비옥한 평야를 만들고 있다. 그리고 남쪽으로는 신녕천이 흘러 쌍계동과 경계를 이루고 북쪽으로는 녹전동과 접하고 있다.

　　근대 행정구역으로는 오산면에 속하였으나 1914년 행정개편 때 상·하 대전동과 오미동 일부를 합하여 화동면 대전동으로 되었고, 그 후 다시 영천면에 속하게 되었다. 1981년 영천읍이 시로 승격되면서 영천시 대전동이 되었다가 1998년 행정동의 통폐합 조처에 따라 영천시 서부동에 속하게 되었다.

정씨라는 성씨를 가장 먼저 가진 사람은 신라 3대 유리왕儒理王 9년(32)에 육부六部의 하나인 진지부珍支部의 촌장이었던 지백호智伯虎였다. 지백호는 박혁거세를 양육하여 신라 건국에 공을 세운 이유로 정씨 성을 하사받은 것이다. 영일정씨迎日鄭氏도 원류를 지백호로 하지만, 연대가 워낙 오래되었고 고증도 없으므로 계대系代를 상고詳考할 수 없어 지백호의 원손인 간의대부諫議大夫 종은宗殷을 도시조都始祖로 하고 있다. 또한 그 후손인 의경宜卿이 연일호장延日戶長을 지냈고, 또한 연일현백延日縣伯에 봉해진 바 있었으므로 그의 후손들이 본관을 연일로 하였다고 한다. 그 뒤에 지명이 연일에서 영일迎日로 바뀌면서 본관을 연일과 영일, 오천烏川을 함께 쓰고 있다. 오천은 영일현에 오천이라는 시내가 있어서 생긴 이름이다. 요즘은 혼용하여 사용하는 가운데 주로 영일을 선호하여 통일해 쓰고 있다.

그런데 영일정씨에는 연원은 같으면서도 소목昭穆을 밝히지 못하는 두 파가 있다. 그 하나는 고려 때 추밀원지주사樞密院知奏事를 지낸 습명襲明(?~1151)을 1세조世祖로 하는 지주사공파知奏事公派이고, 다른 하나는 고려 때 감무監務를 지낸 극유克儒를 1세조로 하는 감무공파監務公派이다. 이 두 파는 선계先系의 실전失傳으로 서로 촌수를 헤아리지 못하고 세계世系를 고증할 길이 없다.

이 책에서 다룰 영천에 거주하는 영일정씨는 지주사공파이다. 정습명은 고려 중기의 명신으로 인물이 비범하고 국량이 컸으며, 학문과 문장에도 능통하였다. 예종·인종·의종 3대에 걸쳐 임금을 보도하여 벼슬이 추밀원지주사에 이르렀다. 묘청의 난을 진압하는 데도 공을 세웠으며, 김부식과 함께 『삼국사기』를 편찬하는 일에도 관여하였다. 천성이 정직하여 쟁신諍臣의 풍모가 있었으므로 인종이 귀중하게 여겨 태자太子(의종)의 앞날을 부탁하기에 이르렀다. 임종이 가까워지자 태자에게 말하기를 "나라를 다스림에는 모름지기 습명襲明의 진언을 들어 시행하여야 하느니라"라고 하였다. 정습명은 선왕의 명에 따라 의종에게 늘 직언을 하였고, 혹 왕이 시류時流에 영합할까 염려하여 하지 않는 얘기가 없었다. 의종은 바른말을 하는 그를 꺼렸을 뿐 아니라 다른 관료들도 그를 헐뜯었다. 그는 왕이 자신을 꺼리는 것을 알고 더 이상 어찌 할 수가 없어 약을 먹고 스스로 생을 마감하였다. 죽음으로써 책임을 다하고자 한 것이다. 그가 죽은 후 더 이상 의종의 방탕함을 막을 사람이 없었고, 결국 신하의 손에 죽임을 당하게 되었다. 정직한 신하의 이야기에 귀를 기울이지 않은 대가를 톡톡히 치른 셈이다.

이 영일정씨의 한 갈래가 영천으로 처음 입향한 것은 시조 정습명의 8세손인 인언仁彦 대였다. 정인언은 고려 말에 벼슬이 봉익대부전공판서奉翊大夫典工判書에 이른 인물인데, 포은圃隱 정몽주鄭夢周의 종증조였다. 고려의 운세가 다할 무렵 포은 정몽주의 충절로 인한 멸족의 화를 피하기 위해 아들 광후와 함께 영천의 전촌錢村(지금의 도동)에 터를 잡아 은둔해 살기 시작하였다.

인언의 아들인 9세손 광후光厚는 문과에 급제한 후 고려 말에 상주목사를 역임한 바 있었다. 그는 조선이 개창된 이후 협력을 요청받아 고심 끝에 출사에 응함으로써 가문을 보존하는 길을 택하였다. 공조판서를 지냈다고 한다.

10세손 정위鄭瑋는 어릴 때 베푼 작은 은혜로 인해 후일 명당을 얻은 일화로 유명하다. 서당에 다니던 어린 시절, 책 한 권을 다 배운 후 기념으로 내는 책거리 떡을 어머니로부터 받아 가지고 서당으로 향하던 중 자라를 파는 장사 옆을 지나가게 되었다. 어떤 사람이 장사와 자라를 흥정하고 있는 가운데 자신을 쳐다보며 눈물을 뚝뚝 흘리면서 호소하는 듯한 자라 한 마리가 정위의 눈에 띄었다. 차마 그냥 가지 못하고 떡을 모두 주고 자라를 산 다음 가까운 물에 놓아주었다. 이후 세월이 흘러 정위의 어머니가 돌아가시자 묘터를 찾아 여기저기 헤매고 다니던 중 현 영천경찰서 너머의 뒷산인 당지산에 이르러 큰 자라 한 마리가 상주喪主의 앞길을 기어가기에 이상한 생각이 들어 그 자라를 따라갔다. 이윽고 한 양지바른 곳에 멈추어 서기에 그곳의 산세를 살펴보니 과연 명당에 해당하여 무덤을 쓰게 되었다. 이후 가문의 운세가 더욱 번성하게 되었다. 결국 책거리 떡으로 베푼 은혜를 명당의 점지로 같은 것이다. 그 후 영일정씨 후손들은 절대 자라를 먹지 않는 풍습이 생겼다고 한다.

11세손 문예文裔는 1402년(태종 2)에 생원시에 급제하여 영산유학교도靈山儒學敎導를 지냈는데, 1403년(태종 3) 처가를 따라 전촌에서 대전리 제일봉 아래로 거주지를 옮겼다. 그의 네 아들이 모두 대소과에 급제하면서 가문의 명성이 더욱 높아지기 시작하였다.

문예의 맏아들인 12세손 종소從韶는 1447년(세종 29)에 문과에 급제하고 같은 해 문과 중시에도 거듭 급제하였다. 성균관학록成均館學錄·이조좌랑吏曹佐郞 등의 요직을 역임하던 중, 단종 복위운동으로 인한 병자옥사丙子獄死가 일어나자 낙향하여 은거하였다. 그 후 조정으로부터 사간원좌헌납司諫院左獻納 등의 벼슬이 제수되었으나 모두 사양하고 나아가지 않았다. 문장과 절행이 있어 점필재 김종직金宗直으로부터 오천정선생烏川鄭先生이라는 추존을 받았다. 만년에 김종직의 권유로 영천군수榮川郡守·예천군수醴泉郡守·함양군수咸陽郡守 등 외직을 주로 역임하다가, 봉상시부정奉常寺副正으로 입조入朝한 후 경연經筵에서 성종을 대상으로 강연하였으며, 성균관사성成均館司成에 이르렀다. 단종을 도운 유신遺臣으로서 계룡산 숙모전肅慕殿에 배향되었다.

종소의 아들 13세손 이휘以揮는 장수도찰방長水道察訪을 지냈는데, 김종직과도 교분이 두터워 자주 시문을 주고받으며 교유하

임고서원

던 사이였다. 무오사화의 화를 피해 벼슬을 버리고 낙향하였다. 이에 그의 아들들도 화가 미칠 것을 염려하여 사방으로 뿔뿔이 흩어져 숨었다. 이휘의 5자 14세손 차근次謹은 골짜기인 자양紫陽의 노항魯巷으로 은입하였다. 그 후손들은 한동안 이곳에서 살았다.

　노항으로 들어올 때 차근의 아들 15세손 윤량允良(1515~1580)은 5세였다고 한다. 그 후 윤량은 퇴계 이황의 문하에서 학문을 닦았으며, 학행이 있고 성리학 탐구에 전심하여 주변에 명망이 있었다. 조정에 덕행으로 천거되어 창릉참봉昌陵參奉에 임명되었으나 나아가지 않았다. 자양서당을 건립하여 후진양성에 힘썼으며, 진사 노수盧遂, 생원 김응생金應生과 더불어 정몽주를 제향한 임고서원을 창건하는 데도 힘을 보탰었다. 또한 중국 노나라 사람인 공자孔子를 추앙하여 동네 이름을 노루목에서 노항魯巷으로 고치고 자호도 노촌魯村이라 하였다.

윤량의 아들 16세손 세아世雅(1535~1612)는 여기서 태어나 자랐으며, 자신도 이곳에서 네 아들을 낳았다. 그리고 임진왜란이라는 전란도 겪었다. 현재는 영천댐으로 인해 대부분 수몰되었다. 정세아 가문이 노항에서 다시 대전으로 돌아온 것은 정세아의 손자 18세손 호례好禮 때였다. 정호례는 정세아의 4남 수번守藩의 아들로서, 임란 시 장렬하게 전사한 백부 의번宜藩의 후사가 되었다. 그는 1613년(광해군 5) 해남현감으로 재임 시에 대전에 종택을 새로 건립하였다. 이것이 현 종택이다. 종택은 마을 안쪽 구룡산 아래의 높은 곳에 남동향으로 자리 잡고 있다.

노항리를 삼킨 영천댐 전경

3. 호수종가의 형성

1) 호수 정세아

정세아는 1535년(중종 30) 영천의 노항리에서 태어났다. 자는 화숙和叔, 호는 호수湖叟라고 하였다. 어려서 아버지로부터 학문을 배웠으며, 1558년(명종 13) 24세에 진사시에 합격하였으나 벼슬에 뜻이 없어서 더 이상 과거시험에 연연하지 않았다.

행동이 단정하고 무게가 있었으며 근엄하고 독실하였다. 또한 의기가 활달해서 의연한 장부의 풍도가 있었다. 평소 어버이에게 효도하고 집안이 화목하였으며, 향당에서는 공손하고 재리財利를 보는 데는 자신이 더러워질까 두려워하며, 남의 궁핍한 것을 보고서는 베풀어 주기를 미치지 못할까 염려하였다. 남의 장단점에 대해 말하기를 좋아하지 아니하면서도 그 시비의 판단에는 명백하여 한칼로 양단을 가르듯 하였다. 더불어 사귄 친구는 모두 한때의 유명한 좋은 벗으로서, 지산 조호익曺好益, 여헌 장현광張顯光, 창석 이준李埈, 모당 손처눌孫處訥과 도의로 허여하였다.

1592년(선조 25) 임진왜란이 일어나자 향촌의 자제들을 동원하여 편대를 정하고 격문을 작성하여 900여 명에 달하는 의병을 규합한 후 의병대장이 되었다. 그때 곽재우郭再祐는 의령에서, 권응수權應銖는 신녕에서 각각 기병하여 서로 성원하였다. 그해 8월 권응수・정대임鄭大任과 함께 영천 박연朴淵에서 왜적과 싸워 큰 전과를 거두었고, 이어 영천성을 수복하였다. 다시 경주의 왜적을 격퇴하여 경주를 수복하였다. 영천과 경주를 회복함으로써 경상도 동북부지역이 온전할 수 있었다.

이듬해 평양과 서울이 차례로 수복되자 군사를 조희익曺希益에게 맡기고 자양으로 돌아왔다. 체찰사 이원익李元翼에 의하여 여러 번 천거되었으나 사양하였고, 나중에 황산도찰방黃山道察訪을 잠시 지냈다. 후진양성에 힘쓰다가 1612년(광해군 4)에 세상을 떠났다. 장현광은 글을 가지고 조상하여 말하기를 "공이 향당에 계실 때에는 경박한 자가 부끄러워할 줄을 알고, 게으른 자가 진작할 줄을 알고, 착한 자는 믿는 바가 있어서 스스로 저해를 당하지 아니하고, 악한 자는 꺼리는 바가 있어서 감히 방자하지 못하

환구세덕사

게 하였으니 미루어 그 무거운 바를 알 수가 있겠다"라고 칭송하였다. 후일 병조판서에 추증되고 영천의 환구세덕사環丘世德祠에 봉향되었으며, 시호는 강의剛義이다. 후대에 『호수실기湖叟實紀』가 편찬되었다.

정세아는 4명의 아들을 두었다. 의번, 유번, 안번, 수번이다. 이 네 아들 대에서 가문이 크게 가지를 치며 번성하였기 때문에 편의상 아래에서는 그 가계별로 현달한 인물을 중심으로 하여 살펴보고자 한다. 다만 2남인 유번維藩은 임란 후 조용히 초야에 묻혀 살다가 뜻을 펴지 못하고 일찍 사망하였다.

2) 장남 의번과 종가의 계승

세아의 장남인 의번宜藩(1560~1592)은 1585년(선조 18) 26세로 생원시에 합격하였다. 아버지가 진사시에 합격했던 것과 비슷한 나이대였기에 아마 아버지의 기대를 한 몸에 받았을 것이다. 그러나 그의 나이 33세 때 일어난 임진왜란은 그의 인생을 완전히 다른 길로 이끌고 말았다. 아버지의 명을 받아 함께 의병을 일으켜서 영천성을 수복하는 큰 전공戰功을 세우기도 하였으나 이어 벌어진 경주성 탈환전투에서 적에게 포위된 부친을 살리고 자신은 종 억수와 함께 장렬히 전사하였다. 전투가 끝난 후에도 그의 시신은 끝내 발견되지 않았다. 마침내 의병을 조희익에게 맡기

정의번의 시총

충노 억수의 묘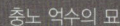

고 자양으로 돌아온 정세아는 자식의 죽음을 슬퍼하고 원혼이 의지할 곳이 없음을 애석히 여겨 화살로써 초혼하고 주변의 친한 이들이 다투어서 보낸 만사와 제문을 얻어 옛날에 입던 의관과 함께 관 안에 넣고 장사를 치렀다. 그리하여 세상 사람들이 이 무덤을 가리켜 시총詩塚이라 하였다. 바로 아래쪽에는 충노 억수의 무덤도 만들어져 있다. 두 무덤은 정씨 문중의 묘역인 하천묘역에 있다.

의번이 충과 효로써 전장에서 죽으니 그 인과 그 용맹에 대하여 세상에서 의롭게 여기는 자가 많았다. 세상 사람들이 하기 힘든 어려운 일을 실천하였다는 것이다. 이러한 칭송은 훗날 영천에 옮겨와 산 병와 이형상이 지은 시에 잘 함축되어 있다. '어려울 난'(難) 자를 반복하여 다음과 같이 읊었다.

> 세상을 살아가며 장부가 되기 어렵고,
> 장부는 되더라도 유식하기는 어렵다.
> 유식은 하더라도 효하기가 어렵고,
> 효는 하더라도 죽음에까지 이르기는 더욱 어렵다.
> 죽음으로 충성을 온전히 하기는 어려운 중에 어려운 일이지만,
> 온전히 하면서도 부끄러움이 없이 하는 것은 어렵고도 또 어렵다.
> 人生世爲丈夫難　丈夫而爲有識難
> 有識而爲孝也難　孝而至於死尤難

死全忠者難之難　全而無媿難又難

　　시총은 우리나라에 유래가 없는 매우 독특한 무덤이라고 할 수 있다. 훗날 영조 대 탕평론에 앞장섰던 재상 오광운吳光運은 시총 비명에서 다음과 같이 그 의미를 되새겼다.

> 다만 시라고 하는 것은 그 사람을 상징하는 것이다. 때문에 시문은 체백體魄을 대신할 수 있으니 시로써 무덤을 하는 것이 또한 예에 어긋나지 않을 것이다. 세상에서는 반드시 뼈로 장사 지내는 것이 옳다 여기고 시로 장사 지내는 것은 불행하다 생각하나, 그러나 쓸쓸한 황혼에 장사 지내는 것이 많을 테지만 이는 마침내 썩어 없어지는 데 돌아갈 뿐이고, 그 사람의 시는 오래되어도 썩어 버리지 않을 것이니 이 무덤이 얼마나 위대하겠는가.

　　그리고 영남의 학자였던 임필대任必大는 「시총부詩塚賦」에서 다음과 같이 칭송하였다.

> (시총은) 정씨 일문의 충효가 모인 것이다. 아버지는 적세가 충돌하는 날에 절개를 다하였고, 아들은 임금과 아버지가 위급한 즈음에 목숨을 바쳤다. 아래로는 종과 기르는 천인에 이

르기까지도 역시 능히 주인의 절의를 본받아 은혜를 갚으니 어찌 효열孝烈의 거동이 아니랴. 이 반드시 천지간에 순수하고 강직하고 지극히 바른 기운이 정씨에게 모아 사람이 되고 물건이 된 것이 아니겠는가.

세월의 흐름 속에 의번이 남긴 글은 흩어져 사라져 버리고, 「용학해의庸學解疑」라는 짧은 논설 한 편만이 세상에 전한다. 후일 이조참판에 추증되었으며, 정려가 내려져 충효각이 세워졌다. 환구세덕사環丘世德祠에 아버지와 함께 봉향되었다. 후사는 막내 동생인 수번의 둘째 아들 호례가 이었다.

호례好禮(1604~1672)는 1636년 무과에 급제하여 병자호란 당시에는 인조의 어가를 모시고 남한산성에 들어가 성을 지켰다. 관직이 해남현감에 이르렀다. 아버지가 왜놈에게 죽은 까닭으로 평생 왜놈의 물건을 가까이 하지 않았으니 충효의 자손이 되기에 알맞았다. 영천 대전동에 있을 때 농사철에 논에 물이 없는 것을 보고 영천군수로부터 도움을 받아 영천 북부에 있는 대내실 못을 만드니 당시 고을 사람들이 모두 그를 칭송하고 좋아하였다고 한다. 정씨 문중으로서는 처음으로 영천 선원리에 터를 잡았다.

호례의 장남 시상時相(1630~1692)은 9품 종사랑의 품계를 가졌다. 향리에서 재종인 정시연鄭時衍을 위시하여 전오륜全五倫·이필李柲·이용李榕 등과 교유하며 후진양성에 힘썼다.

시상의 장남 석명碩明(1651~1712)은 1695년(숙종 21) 45세 때 별시 무과에 합격하였다. 함경도의 거산도찰방居山道察訪과 사헌부 감찰司憲府監察을 역임하였다.

석명의 장남 중록重祿(1678~1732)은 갈암 이현일을 사사하였고, 집안의 10촌 형인 만양과 규양 형제에게 학문을 배웠다. 그 인연으로 맏아들 일규一珪로 하여금 규양의 뒤를 잇게 하였고, 자신의 대는 둘째 아들 일탁一鐸(1711~1778)으로 하여금 잇게 하였다.

일탁은 집안의 어른인 훈수 정만양·지수 정규양 형제와 매산梅山 정중기鄭重器에게서 학문을 배웠다. 일탁은 후사가 없어 친형인 일규의 아들 하렴夏濂(1732~1780)으로 후사를 이었다. 다시 제자리로 돌아온 셈이었다.

하렴의 장남 계휴啓休(1754~1780)는 27세의 젊은 나이로 아버지와 같은 해에 세상을 떠났다. 세 살 먹은 어린 아들이 뒤를 이었으니 유수裕壽(1778~1837)이다.

유수의 장남 치중致中(1805~1832)도 28세에 세상을 떠났다. 그 뒤는 여덟 살 먹은 장남 진로鎭魯(1825~1877)가 이었다. 진로의 장남 연충淵忠(1843~1871)도 29세라는 젊은 나이에 후사도 남겨 두지 못하고 아버지보다 먼저 세상을 떠났다. 아버지 진로는 노심초사하였으나 자신이 세상을 떠날 때까지도 후사를 정하지 못하였다.

한참의 공백 기간을 거친 후에야 종가에서는 연철淵徹의 아들인 동규東圭(1884~1944)를 양자로 들일 수 있었다. 동규의 뒤는 장남 주용周容(1905~1962)이 이었고, 그 뒤는 주용의 장남 재열在烈 (1938~1990)이 이었다. 재열의 장남 현목鉉沐(1964년생)이 현 종손으로 호수의 16대손이 된다.

이상에서 보았듯이 종가의 대를 잇는 것이 순탄하지만은 않았다. 호수 이래로 16대가 내려오는 동안 양자를 들인 경우가 세 번 있었다. 3대 호례, 8대 하렴, 13대 동규의 경우이다. 특히 13대 동규를 맞이할 경우에는 적어도 십수 년의 공백 기간이 생기는 어려움을 겪기도 하였다. 그리고 20대 후반의 젊은 나이에 종손이 사망한 경우도 세 번이나 있어 종가의 계승을 어렵게 하였다. 위의 현상은 약간의 차이는 있지만 어느 문중이나 비슷하였다.

한편 호례의 3남인 시심時諶(1641~1690)은 1661년 무과에 급제하여 훈련원 판관, 전주 영장, 내금위장 등을 역임하였다. 풍모가 단정하고 기품이 비범하였으며, 특히 무릎에 닿을 정도의 아름다운 턱수염으로 유명하였다고 한다.

시심의 아들 석달碩達(1660~1720)은 갈암 이현일의 문하에서 수학한 학자로서 평생을 학문 탐구에 전념하였다. 호는 함계涵溪이고, 세상 사람들은 함계처사라고 칭하였다. 유교적인 관념을 중시하여 평생 시장에 들르지 않았다고 한다. 저서로 『가례혹문家禮或文』이 있고, 병와 이형상李衡祥과 이기설을 논변할 정도로 예학과 성리설에 대해 조예가 깊었다. 노년에 선원리 일대에 창궐한 천연두로 인해 세상을 떠났다. 한때 영천에 '남조북정南曺北

鄭'이란 말이 통용되었는데, 영천 남쪽의 병애屛厓 조선장曺善長과 북쪽의 함계涵溪 정석달이라는 두 출중한 선비를 가리키는 것이었다. 두 사람을 '남북은자南北隱者'라고도 하였다.

석달의 장남 중기重器(1685~1757)는 1727년(영조 3) 43세에 문과에 급제하였다. 이 가문에서 오랜만에 나온 문과급제자였다. 승정원 주서, 사간원정언을 거쳐 벼슬이 형조참의에 이르렀다. 중앙에서 관직생활을 하면서 호수 선조의 선양 사업에 큰 몫을 담당하였다. 관직에서 물러나 고향에 있을 때는 후진양성에도 힘을 기울여 그의 문하에서 약 130여 명의 문인이 배출되었다. 저서로는 『가례집요家禮輯要』, 『주서절요집해朱書節要集解』, 『포은속집圃隱續集』이 있으며, 따로 문집이 전하고 있다. 선원리에 창궐한 천연두를 피하여 임고면 매곡마을로 옮겨 갔다. 그 동생 중우重禹

함계정사

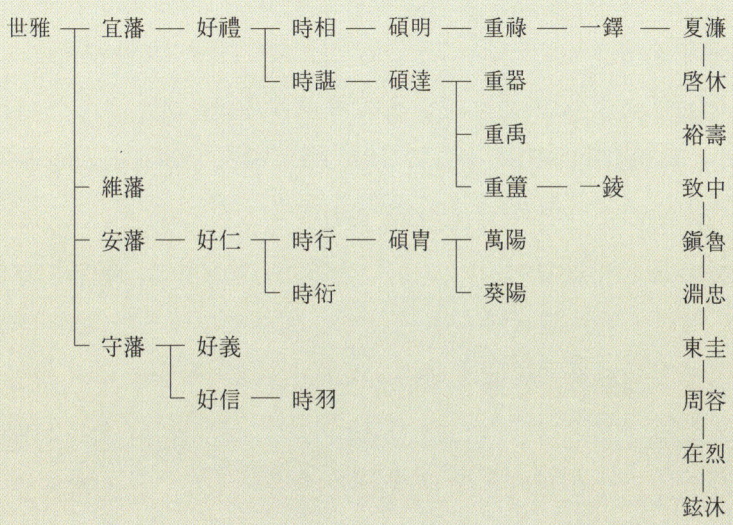

는 화북면 자천마을로 옮겼으며, 중보重簠는 선원리에 계속 남아 마을을 지켰다. 선원리의 유명한 연정고택蓮亭古宅은 바로 중보의 셋째 아들 일릉一錂이 지은 것이었다.

3) 3남 안번과 그의 가계

세아의 3남인 안번安藩(1574~1630)은 임진왜란 시 아버지와 큰형이 의병을 일으켜 전장으로 나가자 동생과 함께 피란하여 어머니를 비롯한 식솔들을 책임지는 임무를 능히 수행하였다. 정유재란이 일어났을 때는 부친을 모시고 동생을 대동하여 화왕산 회맹에 참여하였다. 1605년(선조 38) 무과에 급제한 후 북변지역에서 의무 복무를 한 뒤 후에 용양위 부사과에 이르렀다.

안변의 장남인 호인好仁(1597~1655)은 여헌 장현광張顯光을 사사하였으며, 문장과 재행才行이 탁월한 문신이었다. 호는 양계暘溪이다. 1618년(광해군 10) 22세에 진사시에 합격하고, 1627년(인조 5) 31세에 문과에 급제하였다. 1636년 병자호란 때에는 향리에서 의병을 일으켜 관군을 도왔다. 여러 고을의 수령으로 많이 임명되었고, 벼슬은 진주목사에 이르렀다. 임기를 마치고 돌아올 때에는 간단한 고리짝과 서책 몇 권이 행장의 전부였을 정도로 청빈하였다고 한다. 만년에는 학문과 제자 양성에 몰두하였다. 시문집으로 『양계문집暘溪文集』이 있으며, 대구의 청호서원靑湖書院에 제향되었다.

차남 호문好聞(1605~1650)은 모당 손처눌과 여헌 장현광의 문인이다. 정묘호란 때 경상도호소사를 맡은 스승 장현광의 부름에 응해 창의의 대열에 참여한 바 있다.

호인의 둘째 아들인 시연時衍(1632~1687)은 벼슬을 포기하고 학문에 전념하여 깊은 경지에 이르렀다. 호는 학암鶴巖이다. 향리에서 재종인 정시상鄭時相・전오륜全五倫・이필李柲・이용李榕 등과 교유하며 후진양성에 힘썼으며, 학문을 진흥시키기 위하여 학규學規를 제정, 실시하기도 하였다. 또한 여씨향약呂氏鄕約을 고을의 실정에 맞게 고쳐 관리들의 작폐作弊를 막고 향촌의 풍속을 교화하는 데 힘썼다. 시문집인 『학암문집鶴巖文集』이 전한다. 셋째 아들인 시간時衎(1635~1690)은 1669년(현종 10) 35세에 생원시에 합격하여 성균관에서 수학하였다. 호는 취성당醉醒堂이고 문집 약간이 전하고 있다.

호인의 맏손자 석주碩冑(1642~?)는 1673년(인조 20) 32세에 생원시에 합격하였다. 이때 아버지 시행時行은 이미 세상을 떠난 뒤였다. 석주의 아들인 만양萬陽(1664~1730)과 규양葵陽(1667~1732)은 영남 남인사회에서 큰 족적을 남긴 학자들이었다. 갈암 이현일의 문인으로 횡계리에 은거하여 한평생 학문연구와 후진양성에 힘을 기울였다. 호는 각각 훈수塤叟 · 지수篪叟라고 하였다. 세상에서는 두 분을 합쳐서 양수兩叟 선생이라고 불렀다. 두 사람에 대해서는 별도의 장에서 자세히 소개하여 두었다.

호인의 8대손인 환덕煥悳(1857~1944)은 복술卜術에 능한 천문역학자로 한말에 시종원부경侍從院副卿을 지냈다. 오늘날 대통령비서실 차장 정도에 해당하는 직책이었다. 그는 1902년 현릉참봉을 시작으로 하여 시종원시종侍從院侍從, 통신사전화과기사通信司電話課技士, 대흥군수를 거쳐 종2품 시종원부경에 이르렀다. 저서로 『남가록南柯錄』을 남겼다. 그는 고종과 순종을 최측근에서 보필한 인물인 만큼 이 책에는 정사에는 나오지 않는 궁중비사가 풍부히 기록되어 있다. 헤이그 밀사 선발 과정을 비롯해 민비를 명성황후로, 왕태자를 황태자로 추봉하게 된 경위 등 알려지지 않은 역사의 이면을 기술하였다. 정사가 아닌 궁중비사인 만큼 신뢰도는 다소 떨어지지만, 1897년 대한제국이 선포된 이후부터 1910년 나라를 일제에 강점당하는 시기까지 조선 조정의 움직임을 드러내고 있다는 점에서 사료적 가치가 높다.

4) 4남 수번과 그의 가계

세아의 4남 수번守藩(1580~1621)은 장수의 재목으로 타고나서 체격이 보통 아이와는 달랐다. 장성하면서 힘이 세고 용기가 남달라서 능히 호랑이라도 잡을 듯한 모습이었다고 한다. 정유재란이 일어났을 때 18세의 나이로 부형을 따라 화왕산 회맹에 참여하였다. 1603년(선조 36) 24세에 을과 1등(전체 4등)이라는 우수한 성적으로 무과에 급제하였다. 화살촉의 무게가 육 량에 달하는 무거운 화살인 철전을 무려 170보라는 먼 거리까지 쏘는 용력을 발휘하였다고 한다. 육량전은 보통 무인들도 100보를 쏘기가 어려운 화살이다. 1612년(광해군 4) 무관으로서의 길을 걸어갈 무렵 김직재金直哉의 옥사가 일어났다. 이 옥사는 봉산군수 신율 등이 당시 황해도에 있던 김직재가 역모를 주동하였다고 무고함에 따라 일어난 옥사였고, 이는 결국 당시 권신이던 이이첨李爾瞻 등에

하천묘역의 정수번 묘

의해 왕손인 진릉군晉陵君을 비롯한 소북파의 잔당을 뿌리 뽑기 위한 무옥誣獄으로 연결된 사건이었다. 이 사건을 조사하는 과정에 무인으로서 세운 공을 인정받아 수번은 형난원종공신亨難原從功臣 1등에 책봉되었다. 원종공신은 정공신正功臣에 들어갈 정도의 큰 공은 아니지만 표창할 만한 작은 공을 세운 사람에게 주는 공신 칭호였다. 감포만호를 거쳐 부호군으로 있을 때 신무기를 만들고 신병법을 보급하여 연마하게 하니, 왕의 큰 칭찬과 더불어 내금위장에 임명되었다. 경상좌도 병영에서 근무 중이던 1621년 42세를 일기로 등창으로 병사하였다. 2년 뒤인 1623년에 일어난 인조반정으로 대북파가 몰락하면서 공신호 자체가 삭탈되었다.

수번의 장남인 호의好義(1602~1655)는 모당 손처눌의 문인으로 병자호란 때에 창의한 바 있다. 동생인 호신과 함께『상화집常華集』이라는 문집을 남겼다. 차남인 호신好信(1605~1649) 역시 모당 손처눌과 여헌 장현광의 문인으로 병자호란 시 창의한 바 있다. 호는 삼휴정三休亭으로, 호를 딴 정자와 고택이 영천댐 수몰 지역에 있어 1976년에 하천묘역 왼쪽 편으로 옮겨 전한다.

호신의 아들 시우時羽는 종6품 병절교위秉節校尉로 용양위부사과龍驤衛副司果를 역임한 바 있다. 시우는 다섯 아들을 두었는데, 석현碩玄·석함碩咸·석겸碩謙·석승碩升·석림碩臨 5형제이다. 아들 5형제는 우애가 있어 한집에서 같이 지내면서 학문을 갈고 닦으며 형제애를 돈독하게 하였다고 한다. 장남 석현(1656~1730)의 호를 딴 오회당五懷堂 건물이 영천댐 건설로 인해 하천묘역 안으로 옮겨져 보존되고 있다.

특히 5남 석림(1669~1739)은 인근으로 유배된 남곡南谷 권해權瑎를 찾아가 문하에서 수학하였고, 1721년(경종 1) 53세 때 진사시에 합격하였다. 이후 대과에는 뜻을 두지 않고 유교 경전을 읽으며 마음을 수양하는 공부에 힘썼다. 호는 월송재月松齋이다. 정만양·규양 형제와 조선장曺善長 등과 도의道義로써 교유하였다. 문집으로 『월송재집月松齋集』이 전하고 있다.

그리고 4남 석승(1665~1738)의 6대손이 한말의 유명한 산남의진 의병장 환직이다. 환직煥直(1844~1907)과 그의 아들 용기鏞基(1862~1907) 부자는 을사늑약이 체결될 무렵 고종의 밀명을 받아 영천을 중심으로 산남의진을 결성하여 의병을 일으켰다. 두 사람의 의병 활동에 대해서는 별도의 장에서 자세히 다루어 두었다.

제2장 임란 의병장 정세아

1. 임진왜란과 창의

　　임진왜란은 일본이 계획적으로 도발하여 조선을 침략한 전쟁으로 당시 조선과 일본뿐 아니라 명나라까지 가세함으로써 동아시아의 삼국이 참여한 국제전쟁이 되었다. 그 영향도 만만찮아 전쟁이 끝난 후 일본은 도요토미 히데요시(豊臣秀吉) 정권이 붕괴하고 도쿠가와 이에야스(德川家康) 정권이 들어서게 되었으며, 명나라도 전쟁의 후유증에 시달리다가 결국 여진족에게 망하게 되었다. 전국이 전장으로 화한 바 있던 조선은 비록 정권이 교체될 지경은 아니었지만 국토가 황폐화되고, 막대한 인적·물적 피해를 입었다.

　　1591년 11월 도요토미 히데요시는 조선 침략의 전진기지로서 규슈 북단에 나고야(名護屋)성을 축조하는 한편 바다를 건너기 위한 병선 건조에 힘을 기울였다. 마침내 1592년 4월 나고야성의 수비병만 남겨 둔 채 제1군부터 9군까지의 15만여 명이 차례로 바다를 건너왔다. 고니시 유키나가(小西行長)가 이끄는 제1군이 700여 척의 병선에 나누어 타고 부산에 상륙하였고, 이어 부산성과 동래성을 차례로 함락시켰다. 동래부사 송상현은 군민과 함께 농성하다가 장렬하게 전사하였다. 가토 기요마사(加藤淸正)와 나베시마 나오시게(鍋島直茂)의 제2군, 구로다 나가마사(黑田長政)의 제3군도 속속 도착하였다.

100여 년에 걸친 전란 속에서 단련되어 온 일본군의 조직적인 전투법과 철포대의 위력 앞에, 200여 년 간의 태평에 익숙해 있던 조선군은 철포의 총성에 놀라고 일본도의 날카로움에 겁을 먹어 계속 패주하였다. 일본군이 부산에 상륙한 지 20여 일 만에 서울이 함락당하였으며, 선조는 의주로 피난을 가서 명나라에 구원을 요청하기에 이르렀다.

서울을 함락시킨 일본군 제2군은 북상하는 제1군과 개성에서 나뉘어 함경도로 북진, 회령에서 임해군과 순화군 두 왕자를 포로로 잡았다. 제1군은 평양으로 진격하여 결국 평양성을 함락시켰다. 제3군은 황해도로 북진하였다. 문자 그대로 파죽지세였다. 그러나 일본군의 초전 승리는 평양성을 점령하기까지 2개월 간이었고, 이후 난관에 부딪쳐 1598년 11월 조선에서 완전히 철

병할 때까지 진퇴양난의 흙탕물 속에서 헤어나지를 못하였다.

　　명나라에서는 송응창을 요동경략에 임명하여 원군의 총책임자로 삼고, 이여송을 동정제독東征提督에 임명하여 파견군 사령관으로 삼았다. 1592년 12월에 이여송은 4만여 명의 명군을 이끌고 얼어붙은 압록강을 건넜는데, 여기에 8천여 명의 조선군도 합류하였다. 거기에다가 매서운 겨울 추위도 월동준비를 충분히 하지 못한 일본군을 괴롭혔다.

　　명과 조선의 연합군은 1593년 1월 드디어 평양을 탈환하고 남진하기 시작하였다. 그러나 벽제관에서 일본에 반격을 받은 이여송은 전의를 상실하고 개성으로 돌아가 버렸다. 사기가 조금 회복되던 일본군은 권율이 수비하는 행주산성을 공격하였다가 처참하게 무너짐으로써 다시 사기가 땅에 떨어졌다. 거기에다가 조선의 추운 겨울과 식량 부족으로 곤궁에 처한 일본군은 서울을 방어하는 것조차 곤란하게 되었다. 이에 일본군은 명과의 화의에 나서게 되었다. 명나라 심유경沈惟敬과 일본의 고니시 유키나가 사이에 회담이 진행되는 동안 일본군은 서울에서 철수하여 경상도 연안으로 쫓겨 와서 거점을 마련하고 지구전에 대비하였다. 이것이 임진왜란의 대략이다.

　　처음 왜군의 주력군이 서울을 향해 급히 북상할 때, 후방의 왜군은 부산에서 서울에 이르는 길을 확보하기 위해 일단 30리마다 하나의 진을 설치하는 거점 단위의 점령을 하였다. 그런 다음 좌우로 흩어져 약탈의 범위를 넓히면서 중심선 주위를 두텁게 확보함으로써 보급로를 보호하려 하였다. 경상좌도의 여러 고을 중 점령당하지 않고 남은 곳은 왜군의 영향권에서 멀리 떨어져 있던 영해·용궁·예안 등 몇몇에 불과하였다. 그런데 점령된 고을이라고 하더라도 읍성 주변에서 멀리 떨어진 곳이나 산곡에는 왜병이 미치지 못하였기 때문에 의병이나 관군이 활동할 수 있는 공간이 있기 마련이었다.

왜적이 영천으로도 들이닥쳤을 때 정세아는 집식구들을 거느리고 기룡산騎龍山으로 피난하여 일단 화를 면하였다. 하지만 서울이 왜병에 의해 함락되고 임금이 서쪽으로 파천하였다는 소식을 접한 5월 초, 정세아는 누구보다도 먼저 영천에서 창의하여 의병의 기치를 높이 들었다. 그의 나이 58세 때의 일이다.

그는 강개하여 눈물을 흘리면서 맏아들 의번에게 말하기를 "이제 임금님이 파천하셨으니 우리들이 어찌 초야에서 편안히 살 것을 구하겠는가"라고 하였다. 의번이 아버지의 말씀에 응해 먼저 여러 아우들로 하여금 항오를 짜고 격문을 만들어 향병을 소집하였다. 이때 족제族弟 정대임鄭大任이 그 재종제再從弟 대인大仁과 함께 와서 뵈니, 함께 손을 잡고 통곡하면서 드디어 몸을 잊고 나라에 순절할 뜻으로 서로 권면하였다.

이에 정대임과 정의번이 중심이 되어 조희익·조덕기·조성·이번·정천리·유몽서 등으로 더불어 각각 정성을 다하여 군사를 모집하였다. 숨어 있던 백성들을 설득하여 참여시키기도 하고, 더러는 노비 중에서 건장한 자를 내기도 하여 십여 일 사이에 모두 900여 명에 이르렀다. 군의 서쪽 법연法淵 위에 단을 설치하고 본격적인 출진의 의식을 행할 때 정세아는 의병장에 추대되었다. 그동안 그가 쌓은 덕망과 신망의 결과였다.

　1592년 5월 15일 왜적과의 첫 전투에서 적을 크게 무찔렀다. 군 서쪽 박연 근처에서 의병들을 매복시켜 두고 있던 중 봉고어사封庫御史라고 칭하면서 조선의 옷을 입은 일단의 왜군들이 군위 쪽에서부터 내려오고 있었다. 왜적들이 수월하게 다니기 위해서 사칭을 한 것으로 생각된다. 이를 깨닫는 자가 없었는데, 정세아만이 거짓임을 알아채고 서면 복병장 박응기, 신녕 의병장 권응수 등과 힘을 합쳐 왜적을 크게 처부수었다. 그리고 그들이 지니고 있던 병기와 돈, 양식, 문서들을 모두 탈취하였다. 이로부터 명성이 크게 높아지게 되었다.

　그러자 관군 쪽에서는 의병들을 관군에 포함시키려고 여러 가지 시도를 하였다. 그 과정에서 의병장들과도 지휘권과 관련하여 마찰과 갈등이 생겼을 뿐 아니라, 애써 모아 놓았던 의병들도 관군에 포함되는 것을 꺼려서 흩어져 도망가는 경우가 빈발하였다. 병력이 부족한 관군의 딱한 입장도 이해되지 않는 바는 아니나, 그보다는 왜적에 대항하는 한 명의 군사도 아쉬운 판이었기 때문에 적을 앞에 두고 의병, 관군을 따질 형편이 아니었다.

이에 정세아는 초유사 김성일에게 편지를 보내어 그 사정을 이야기하면서 조정해 주기를 청하였다. 그러한 형편과 사정을 잘 아는 김성일은 의병이 그 존재를 인정받으면서 왜적과 싸울 수 있도록 관군과 의병 사이를 잘 조정하여 주었다. 그리하여 의병들이 관군의 일방적인 절제를 받지 않고 독자적으로 행동할 수 있게 됨으로써 초기의 혼란이 많이 종식될 수 있었다.

  이에 따라 의성·의흥·안동·예안 쪽의 의병장들과 안동 일직에서 회동하여 서로 협력하여 왜적에 대응할 것을 의논하기도 하였다. 또한 왜적을 피하여 청송 인근에 주둔하고 있던 경상좌병사 박진朴晉으로부터 정세아는 영천지역의 의병 대장으로 공식적인 임명을 받았으며, 초유사 김성일로부터도 영천군의 의병장으로 임명되었다. 드디어 관군과 협력하여 왜적을 무찌를 수 있는 조건을 마련하였던 것이다.

2. 영천성 수복과 그 의미

　　이때 영천성은 왜적에게 점령되어 있는 상태였다. 1592년 4월 22일 밀고 들어오는 수만의 왜군에 의해 변변히 저항 한 번 하지 못하고 성을 내준 것이었다. 왜군이 부산에 상륙한 후 7일 정도가 경과된 시점이었다. 왜군은 일부 주둔군만을 영천성에 남긴 채 주력부대를 곧장 서울을 향해 북상시켰다. 영천성에 주둔해 있던 왜군들은 낮에는 사방으로 나가서 노략질을 하고 밤에는 굳게 성문을 닫고 웅거하고 있었다.
　　하지만 앞에서도 살핀 바와 같이 영천 주변의 전투에서 잇달아 왜군을 패퇴시킴으로써 의병과 관군은 사기가 오르고 있었고, 왜군은 겁을 먹은 상태였다. 이 여세를 몰아 영천성을 공격한다면 능히 성을 탈환할 수 있는 호기였다. 이에 정세아는 정대임과 더불어 영천성을 회복할 것을 계획하고 작전을 짰다. 정예병사 1천 명으로 추평들에서 과시하게 하고 정세아 본인은 남은 군사를 이끌고 마현산에 올라가 바람을 따라 모래를 날린다는 것이었다. 그러면 군사수가 많을까 의심한 왜군이 감히 나올 생각은 못한 채 성안에 모여 있을 것이고, 그때 성을 넘어 들어가 불을 지르며 공격한다는 것이었다. 그러면서도 이것이 워낙 큰 전투이기 때문에 영천 의병 단독으로는 하기 힘들었으므로 인근의 관군과 의병들의 협조를 요청하여 연합작전을 펴기로 하였다. 이 연합작전에는 신녕 의병장 권응수, 신녕현감 한척, 영천군수 김윤국, 하양현감 조윤신, 하양 의병장 신해, 경주판관 박의장, 의흥 복병장 홍천뢰, 자인 복병장 최문병, 경산 의병장 최대기 등이 함께하였다. 이들은 각자 군사들을 이끌고 7월 23일경부터 속속 영천으로 집결하기 시작하였다. 이때 모인 총병력은 3,560여 명이었다.

    영천 의병진은 읍성 남쪽 추평들에 본부를 설치하였고, 성안은 물론이거니와 신녕과 하양 방면의 동태를 살피기에 가장 적당한 장소로서 읍성 서북편에 위치한 마현산도 장악하였다. 그런 다음 의병들은 화공전을 위해 마른 나무와 건초를 모아 성 밖에 쌓아 놓기 시작하였다. 이들은 혹 습기로 불이 잘 타지 않을까 염려해서 종이로 화약을 싸서 넣기도 하였다. 그리고 산과 들에서 큰 나무와 긴 대나무를 베어다가 성을 타고 넘어갈 수 있는 긴 사다리, 적의 조총을 막을 수 있는 방패, 백병전에 대비한 네모난 몽둥이 등을 밤늦게까지 만들었다.

드디어 1592년 7월 26일부터 이틀 동안 관군과 합동으로 영천성을 수복하는 전투에 돌입하였다. 엄정하게 군기도 다잡았다. 이때 진중에 선포된 행동지침은 비장한 각오를 다지는 것이었다. 다음 사항을 어기는 자는 참할 것이라고 하였다. 간단하고도 명료한 행동지침이었다.

一. 겁을 먹고 불온한 말을 하는 자
一. 적을 보고 5보 물러서는 자
一. 마음대로 독단하고 장수의 명령을 어기는 자
一. 전투에 임해서 대오를 이탈하는 자

먼저 결사대 5백 명이 남천으로 돌격하였다. 비상이 걸린 성안의 왜군은 북을 치고 호각을 불어 군사를 모았다. 왜장 두 명이 명원루에 나타났다. 그들의 지휘에 따라 왜군 천여 명이 성 위에 올라와 의병군을 향해 조총을 비 오듯 쏘아댔다. 그리고 성안에 남아 있는 왜교은 신친이 진동할 정도로 고함을 질러댔다. 의병에게 겁을 주려는 속셈이었다. 이어 왜장은 다음과 같은 말로 엄포를 놓았다.

너희들은 무슨 사람이기에 여러 날 해산도 않고 또 전투도 하지 않느냐. 서울도 벌써 함락되었고 팔도가 무너졌으니 약한 군졸로서 우리를 대적할 수 있느냐. 항복해서 신명을 보존하라. 그렇지 않으면 내일 아침에 너희들 장수의 목을 잘라 우리 깃발 아래 가져올 것이다.

이에 의병들은 긴 사다리와 방패를 가지고 돌격 태세를 갖추었고, 왜군은 성문을 열고 모두 나와 역습을 시작하였다. 권응수는 결사대 5백 명을 이끌고 왜군의 중앙을 돌격하였으며, 권응평도 검을 휘두르며 군사를 이끌고 나아갔다. 단번에 왜적 일곱 명의 머리를 베어버렸다. 권응수는 다시 토산土山 위로 돌아와 진두지휘하면서 계속 활을 쏘아 왜적 수십 명을 죽였다. 성안에 있는 왜군이 조총을 난사하자 의병군이 일시 주춤하기도 하였지만 전투는 격렬하고도 치열하게 계속되었다. 마침내 사기를 잃은 왜군은 성안으로 철수하였다.

날이 어두워지자 왜군은 횃불을 켜 놓고 작전을 짜는 듯이 보였다. 이때 불국사 승려로 적의 포로가 되었던 자가 의병 진영으로 탈출하여 왔다. 이 승려를 통해 정담鄭湛은 적의 동태를 탐지해 내었다. 그것은 왜군이 총력전으로 나와 의병군을 격파시킬 것이라는 계획이었다. 이에 의병 진영에서도 그 대비책을 강구하였다. 우선 중총中摠 정대임은 사다리 등을 동문과 서문 쪽에 집중적으로 배치하는 동시에 의병장 정천리에게 결사대 5백 명을 주어 마현산에 주둔하게 하였다. 그리고 부대의 편제를 크게 두 개로 나누어 대오를 새롭게 정비하였다. 정세아 · 정대임 · 김윤국 · 정천리 등은 영천성의 동남방을 담당하고, 권응수 · 박의장 · 한척 · 조윤신 · 홍천뢰 등은 서북방을 담당하는 것이었다.

마침내 27일 새벽, 결전의 날을 맞았다. 의병들을 배불리 먹이고 북을 울려 군사를 집합시킨 뒤 총점검을 마쳤다. 공격이 시작되었다. 동남쪽을 맡은 영천 의병들은 먼저 남문을 집중 공략하였다. 왜군은 성에 올라 조총을 난사해 댔다. 명원루에서 은빛 투구와 금가면을 쓰고 비단옷을 입은 왜장 수 명이 앉아 부채로 지휘하고 있었다. 의병들은 긴 사다리와 방패를 짊어지고 성 밑으로 가까이 갔다. 왜장은 성문을 열고 모두 나가 진격할 것을 명하였다. 왜군은 의병의 숫자가 많지 않은 것을 보고 한 번에 유린할 생각으로 성문을 열고 나왔다. 의병군 선봉대 수백 명이 돌진하였다. 이때 성안의 왜군은 조총으로 엄호사격을 해 댔다. 의병군이 주춤하는 듯하자 정대임이 여러 장수들을 독려하면서 자신의 군병을 이끌고 돌진하였다. 치열한 접전이 전개되었다. 전세가 점차 유리하게 전개되어 수많은 왜군이 추풍낙엽처럼 무너졌다. 그들은 대오를 잃고 점차 혼란에 빠져들면서 성안으로 도주하기 시작하였다. 기세가 오른 의병들은 남문을 부수고 성안으로 진입하였다. 명원루에 있던 왜장 하나가 무참히 무너지는 왜군

서세루(명원루)

진영을 보고 남천으로 투신하였다. 정대임이 달려가 목을 쳤다.
  한편 서북쪽을 담당하였던 권응수·박의장의 부대도 동시에 공격을 시작하였다. 읍성을 에워싼 수천 명의 의병들은 몇 차례에 걸친 진퇴 끝에 성문을 파괴하고 소리를 지르면서 거센 파도와 같이 성안으로 들어갔다. 마현산에 진을 치고 있던 정천리도 북문 쪽으로 와서 화살과 돌을 빗발치듯 퍼부었다.
  이렇게 사방에서 의병과 관군의 연합군이 진격해 들어가자

천지가 진동하였다. 왜군은 완전히 전의를 상실하였다. 백병전이 전개되어 왜군 수백 명을 참살하였다. 왜군은 관사 안이나 창고 안에 숨기도 하였고, 지붕 위에 올라가 발악하기도 하였다. 마침 바람이 크게 불었다. 의병들이 미리 준비해 두었던 나무에 불을 지르니 순식간에 화염이 충천하였다. 이 사이에 포로가 되었던 조선인들이 앞을 다투어 도망쳐 나왔다. 이 와중에 영천성 내의 관아와 객사를 비롯하여 명원루와 창고 등 거의 모든 건물이 불에 탔다. 불길을 뚫고 동남문으로 나오는 왜군도 있었고, 서북문으로 도망가는 왜군도 있었다. 더러는 명원루에서 남천으로 투신하는 자도 많았다. 어느 왜군이든 기다리고 있던 의병들에 의해 목이 달아났다.

이같이 치열한 공략으로 왜군은 갈 곳을 알지 못하고 서로 밟혀 죽은 자와 불에 타 죽은 자가 이루 말할 수 없었다. 1000여 명에 달하였던 왜군 중 살아서 도망간 자는 수십 명에 지나지 않았다고 한다. 말 200필과 총검류 900여 자루도 노획하였다. 포로가 되어 잡혀 있던 조선인 천여 명도 구출하였다. 그러나 아군의 피해도 컸다. 전사자가 83명, 부상자가 238명에 달하였다.

이러한 희생을 딛고 의병과 관군은 힘을 합쳐 영천성을 수복하였다. 완전한 대승이었다. 계획을 세우고 앞장선 이는 정세아였다. 그러나 정세아는 공을 논하는 데는 한사코 사양하였다. 보다 못한 주위의 사람들이 "국가의 공을 세움에 한 적을 베면 상을 논하게 되고 성을 회복시킨 자는 벼슬을 얻게 되는데, 이번 일은 당초 대장의 계책으로부터 나온 것인데 어찌하여 부귀를 버리시고 취하지 않으십니까"라고 하면서 답답해 하였다. 이에 정세아는 정색하고 말하기를 "이것은 모든 장사들의 힘 때문이었으니 내 어찌 그 공을 차지하겠는가. 당초에 내가 의병을 일으킬 적에 국가의 위급한 데 쫓았을 뿐이지 공명에다가 내 뜻을 둔 것이 아니다. 다행히 하늘의 신령한 힘을 입어 한번 거사함에 온전히 보장할 수 있었으면 족한 것이지 그 외에 무엇을 바라겠는가?"라고 하였다고 한다.

　　영천성의 수복은 각지의 의병들과 관군들이 연합하여 얻은 값진 승리였다. 하나의 목표를 위해 독자적인 개별 행동을 버리고 일사불란한 지휘 통제에 따라 행동하였기 때문이다. 특히 전투현장에서 직접 지휘한 권응수의 경우 무관 출신으로서 군사지휘 경험이 많았던 점이 큰 요인으로 작용하였다. 영천성 수복으로 왜군 침략로의 한 방면을 봉쇄하였을 뿐 아니라 왜군 보급로에 막대한 지장을 초래하는 효과가 있었다. 군위와 의성에 주둔하였던 왜군들도 견디지 못하고 지레 물러가지 않을 수 없었다. 그리고 이어 경주에 모인 적을 칠 수 있는 발판을 확보한 셈이었다. 왜군에 대한 반격전의 신호탄이었다.

3. 경주성 전투와 아들의 전사

영천성을 수복한 후 기세가 오른 의병과 관군의 연합군은 경주성을 수복할 계획을 세웠다. 만약 영천성에 이어 경주성마저 수복할 수 있다면 왜적의 통로를 차단할 수 있는 거점을 마련하는 셈이어서, 장차 경상좌도 방면을 온전히 회복할 수 있는 기틀을 갖추게 되는 의미가 있었다. 경상좌병사 박진은 영천성 탈환에 크게 자극을 받은 듯 경주성 탈환전에는 주도적으로 나섰다. 그는 열여섯 개 고을 37,000여 관군과 의병을 8월 21일 안강에 총집결토록 하였다.

이에 앞서 정세아는 8월 7일에 먼저 자인현의 왜적을 공격하여 경산과 청도를 오고 가는 왜적의 통로를 끊었다. 그런 다음 정세아가 이끄는 영천의 의병 5,000여 명은 19일부터 행군을 시작하여 안강을 거쳐 20일에 경주에 다다랐다. 선봉은 정세아가 맡았고, 최벽남·정의번·최인제·이득룡·이영근·이호인 등 의병장들이 후속 부대를 이끌었다.

경주성 수복전은 8월 21일 새벽부터 시작되었다. 총대장인 박진은 공을 앞세워 치밀한 작전도 없이 서둘러 공격 명령을 내렸다. 관군과 의병은 경주성을 동서북 삼면에서 포위하고 진격하였다. 성안에는 영천성전투 이후 주변에 흩어져 있던 왜군이 합세하여 총 1만여 명이 웅거하고 있었다. 작전 명령에 따라 정세아는 영천의 의병을 이끌고 서문쪽을 맡아 용감하게 먼저 공격해 들어갔다. 우레와 같은 소리를 내며 성안으로 진입하였다. 적은 놀라 동문을 열고 도망치기 시작하였다. 일단 복성에 성공하는 듯이 보이기도 하였다. 그러나 정오쯤 되어서 언양으로부터 와서 근처에 매복하고 있던 왜의 지원군이 들이닥쳤다. 배후를 공격당한 조선군이 포위되어 도리어 협공을 당하는 처지가 되었다. 이때의 상황을 정세아는 다음과 같이 회상하였다.

> 8월에 군사를 거느리고서 밤으로 행군하여 이른 새벽에 곧장 경주의 서문을 공격하니 적은 동문을 통하여 도망하였다. 우리 군사는 우레같이 소리치며 성안으로 들어갔다. 해가 정오가 될 무렵에 적이 또 도착하니 성중이 두려워해서 마침내 서

문으로 나갔다.

　사실 왜군은 조선군의 읍성 탈환 계획을 감지하고 있었다. 그래서 언양에 있던 대병력이 백율산 향교 근처에 흩어져 주둔하고 있었고, 또 다른 한 부대는 모량역 근처에서 대기하고 있었던 것이다. 이를 조선군 쪽에서는 전혀 모르고 있었다.

　이제 포위된 아군이 밀리기 시작하였다. 읍성 안에 있던 왜군도 북문을 열고 나와 양쪽에서 협공하였다. 치열한 공방전이 전개되었다. 그 사이 경주판관 박의장은 어깨에 부상을 입었고, 권응수는 말에서 떨어져 낙상하였다. 이 전투에서 조선군은 왜적을 천여 명 가까이 사살하였다. 그러나 더 이상 버티기가 어려워 홍해와 영일군수가 이끄는 관군이 먼저 도망쳤고, 경상좌도 병마사의 군사들도 버티지 못하여 안강 북쪽으로 달아나기 시작하였다.

　하지만 서문에 배치되었던 병력은 끝까지 항전하였다. 대부분 영천을 필두로 한 경주·울산·영일지역의 의병들이었다. 이들만이 홀로 포위망을 뚫지 못하고 고군분투하는 상황이 되었던 것이다. 이 와중에 정세아는 말을 잃어버렸으나 아들 의번이 자신이 타던 말을 아버지에게 드리고 함께 포위망을 뚫어 탈출하려고 할 때 왜적과 다시 혼전이 벌어지면서 부자는 서로 헤어지고 말았다. 정세아는 다행히 무사히 빠져나왔으나 이 사실을 모르는 아들 의번은 아버지가 포위망 속에 갇혀 돌아가신 줄 알고 복수를 위해 다시 포위망 속으로 들어가려 하였다.

이때 의번은 자신의 종 억수를 돌아다보고 말하기를 "군사가 패하고 아버지도 이미 돌아가셨으니, 내 장차 도적들의 손에 죽기를 결단할 것이니 너는 곧 돌아가거라"라고 하였다. 억수가 울면서 말하기를 "소인도 또한 일찍 들으니 종과 주인의 관계가 마치 군신과 부자의 구분과 같다 하였으니, 소인이 주인을 버리고서 어디로 가겠습니까"라고 하면서 앞서 채찍질하였다. 의번이 말 위에서 강한 활을 가지고 적을 쏘니 적은 화살을 받고 거꾸러지면서 감히 가까이 하지 못하였다. 그러다가 화살이 다하고 활이 부러져서 적에게 잡히는 바가 되었으니, 분발하고 꾸짖으면서 굽히지 아니하다가 두 사람 모두 장렬히 전사하였다. 이때 의번의 나이 33세였다. 조선군과 왜군 쌍방 간에 많은 희생자가 나서 경주 서천의 물이 피로 붉게 변하였다고 한다. 이것이 제1차 경주성전투로 일명 서천전투였다. 무려 2,000여 명에 달하는 조선군이 전사한 가운데 특히 영천지역 의병들의 희생이 컸다.

9월에 있은 2차 경주성 탈환 작전은 경주판관이었던 박의장의 지휘 아래 이루어졌다. 1차 전투에서 경주성 탈환에 실패한 조선군은 대규모로 공격하던 작전을 바꾸어 소규모 군사로 자주 공략하는 방법을 채택하였다. 안강에 주둔한 좌병사 박진은 흩어진 군사를 수합한 다음 박의장으로 하여금 군사를 거느리고 낮에는 성 밑으로 달려가 돌격하여 위엄을 보이고 밤에는 산 위에다 햇불을 벌여서 포를 쏘아 놀라게 하도록 하였다.

    박의장은 군기시 화포장인 이장손에게 비격진천뢰飛擊震天雷를 만들게 하여 탈환 작전에 사용하였다. 비격진천뢰는 마름쇠와 철편 등을 인화 장치와 함께 하나의 원구로 만들어 대완구에 실어서 발사하면 5~6백 보를 날아서 땅에 떨어진 지 한참 있다가 불이 그 속에서 일어나 폭발하는 신무기였다. 경주성 안으로 날아든 이것을 처음 본 왜병들이 둘러서서 구경하다가 많은 희생을 당하였다. 이를 계기로 총공세를 펼치는 조선군에 밀린 왜병들은 드디어 4만여 석에 달하는 식량의 일부를 남겨둔 채 서생포와 부산으로 도주하였다. 이에 경주성은 의병과 관군에 의해 수복되었다. 왜군에게 함몰된 지 100여 일 만의 일이었다.

    경주성의 수복은 영천성의 수복과 더불어 임진왜란사에서 큰 의미를 갖는 일대 쾌거였다. 경주는 그 자체로 거진巨鎭이 설치된 요충지였을 뿐 아니라 경상도의 동북부지역을 온전하게 확보할 수 있는 요지였기 때문이다. 더구나 왜군의 보급로와 통신망을 차단하게 되어 왜군에게 막대한 차질을 안겨 주었다. 당시 조선 조정에서는 경주성 수복의 공을 이순신의 공과 다를 바 없는 것으로 평가하였으며, 비로소 경상좌도에 생기가 돌기 시작하였다고 하며 크게 고무되었다. 마침내 정세아는 의병을 조희익에게 맡기고 자양으로 돌아왔다.

영천과 경주지역의 탈환은 두 지역의 회복에 그치지 않고, 경상도의 동북지역 전체가 왜적의 침입으로부터 보존되는 의미가 있는 것이었다. 이는 왜군의 전략에 차질을 초래하여 결과적으로 조선이 임진왜란을 극복할 수 있는 하나의 요인으로 작용하였다. 영천성과 경주성의 탈환은 임진왜란사에 길이 남을 전투라고 하지 않을 수 없다. 정세아 부자는 이 역사적인 쾌거에 큰 힘을 보태었던 것이다.

제3장 종가 위상의 확보와 계승

1. 벼슬의 추증과 시호 하사

경주성 수복 후 영천 자양으로 돌아온 정세아는 자호정사紫湖精舍를 짓고 자연을 벗하여 학문연구에만 몰두하였다. 임란이 끝난 직후 체찰사 이원익이 영천군을 순방하다가 명성을 듣고 방문하였고 조정에 돌아가 보고한 후 군자감봉사軍資監奉事의 관직에 제수되었으나 나아가지 않았다. 고향에 머물면서는 포은 정몽주를 모신 서원인 임고서원을 도일동으로 옮겨 중건하는 일에 앞장섰다. 원래 임고서원은 명종조에 부래산에 창건하여 사액을 받은 서원이었으나 임진왜란 때 병화를 입어 다 타 버렸다. 다행히 영정과 위판은 산중 동굴에 숨겨 화를 피할 수 있었다. 이에 정세아가 앞장서서 향인들과 더불어 옛날 정몽주가 시묘하던 자리인

자호정사

도일동에 임고서원을 중건하여 다시 사액을 받았던 것이다.

후에 임란 극복에 대한 공을 인정받아 선무원종공신宣武原從功臣 3등에 책록되었다. 원종공신은 정공신正功臣에 들어갈 정도의 큰 공은 아니지만 표창할 만한 작은 공을 세운 사람에게 주는 공신 칭호였다. 선조 40년 73세의 나이에 황산도찰방에 임명되어 수개월 근무하다가 고향으로 돌아왔다. 비록 짧은 기간의 근무였지만 왜란으로 피폐한 역들을 소생시키는 일에 힘을 다하여 아전들과 역졸들의 칭송을 들었다고 한다. 고향에 돌아와 여생을 보내다가 광해군 4년 78세의 나이로 세상을 떠났다.

광해군 대에 연이어 추증을 받았다. 광해군 7년 정3품 통정대부 병조참의와 통정대부 승정원 좌승지에 각각 추증되었고, 광해군 11년에는 종2품 가선대부 병조참판에 추증되기에 이르렀다. 이때의 추증은 아들 4남 수번이 형난원종공신亨難原從功臣 1등에 책봉된 데 따른 것이었다.

정씨 문중의 정세아 현창 노력은 그의 사후 100여 년이 흐른 즈음에 본격적으로 시작되었다. 대개 4대조까지를 봉사한다고 하였을 때 이미 정세아의 경우는 4~5대가 흘러 불천위가 되지 않는 한 사당에서 친진親盡될 처지에 있었던 것이다. 불천위에 해당하는 뛰어난 조상을 모시고 싶은 것은 가문을 세워 문중을 지키는 사람들의 한결같은 간절한 바람이었는지 모른다. 한 문중의 구심점이 되기 때문이다. 거기에다가 때마침 5대손 정중기鄭重器가 군주에게 진언할 정도의 근시직에 근무하게 된 것도 중요한 계기로 작용하였다.

정중기는 1727년(영조 3)에 문과에 급제한 이후 중앙관직에 출사하고 있었는데, 승문원 정자로 있으면서 영조에게 정세아 부자의 추증과 정려를 요청하는 상언을 올리게 되었다. 그는 정세아가 의병을 일으킨 공과 성을 회복한 공, 그리고 정의번이 어버이와 나라를 위해 죽은 충절과 효행을 살펴 일단 증직과 정려를 해 줄 것을 청하였다. 시호를 받기 위해 우선 증직일지라도 관직을 적어도 정2품 이상으로 높여 놓을 필요가 있었다. 정세아는 영조에 의해 공로를 인정받아 1732년(영조 8) 정2품 자헌대부 병

教旨

贈嘉善大夫兵曹參
判兼同知義禁府事
鄭世雅贈資憲大夫
兵曹判書兼知義禁
府事者

雍正十年九月十九日

判下
當壬辰之亂討賊復城之功 贈職事 上言

정세아 증직 교지

정의번 증직 교지

教旨

贈通政大夫承政院左
承旨兼經筵參贊官成
均生員鄭宜藩贈嘉善
大夫吏曹參判兼同知
義禁府事五衛都摠府
副摠管者

同治九年閏十月 日

傳
忠義孝付卓異加 贈事承

환구세덕사 사당

조판서에 증직되었다. 이는 5대손 중기가 대가 앞에서 말씀을 올려 특별히 증직된 것이었다. 이때 아들 의번도 정3품 통정대부 승정원 좌승지로 함께 증직되었다.

이에 고무된 정씨 문중에서는 정의번의 무덤인 시총에 묘비를 세우는 작업을 추진하기 시작하였다. 당시 영조 대의 탕평정치 아래에서 남인의 지도자였던 오광운에게 부탁하여 비문을 받았고, 마침내 1755년(영조 31)에 돌에 새겨 비를 세웠다. 이어 1760년(영조 36)에는 정세아의 신도비를 세웠다. 이 신도비문은 영의정 조현명으로부터 받았다. 조현명은 소론으로서 영조 대 탕평정국을 이끌던 지도자였는데, 영조 초년에 경상도관찰사로 재직 시에 정세아의 5대손인 지수 정규양의 명성을 듣고 방문한 후 조정에 천거까지 한 적이 있었다. 이러한 정세아 후손과의 인연이 신도비문의 작성에도 일정하게 작용하였을 것이다. 이어 1777년(정조 1)에는 영천 대환마을에 환구세덕사環丘世德祠를 짓고 정세아와 아들 의번의 위패를 봉안하였다. 그리고 1782년(정조 6)에는 정세아의 실기를 간행하여 그의 업적을 길이 남기고 주위에 알렸다.

정씨 문중에서는 이즈음 정세아 선대의 현창사업에도 아울러 힘을 쏟았다. 먼저 시조인 습명의 묘를 찾으러 무던히 애를 쓰기도 하였다. 정만양·규양은 여러 문중 사람들을 데리고 직접 수소문하면서 찾아 나서기도 한 바 있다. 그러나 너무 세월이 오래 지나서 찾을 길이 없자 심증이 가는 곳에 묘단墓壇을 세우는

시조 정습명 묘단(포항시 남구 대송면)

작업을 이즈음부터 추진하여 얼마 뒤 결실을 맺었다. 영일현 관아 뒤편에 일정한 부지를 확보하여 묘단을 설치하고, 그 아래쪽에 남성재南城齋를 지어 제사를 받들기 시작하였다. 처음 지내는 제사의 제문은 정만양이 썼다. 또한 영천 입향조인 8세손 인언을 모시고 함께 영천에 입향하였던 9세손 광후의 묘소에 묘비를 세우기도 하였다. 묘갈명은 정사물鄭四勿이 찬하였고, 묘지문은 정중기가 찬하였다.

위와 같은 조상에 대한 현창 노력과 병행하여 수차에 걸쳐 정세아에 대해 시호를 하사해 줄 것과 정의번에 대해 정려와 시호를 하사해 줄 것을 청하는 상소를 올렸다. 이 상소에는 정씨 문중의 후손들을 위시하여 경상도 인근의 많은 유생들이 참여하였다. 적을 때는 수십여 명에서 많을 때는 500여 명 이상의 인원이 연명 청원소에 참여하였다. 이러한 정씨 문중의 노력에 의해 1784년(정조 8)에 정의번의 충효를 인정하여 정려하도록 하는 조처가 먼저 취해져서 '충신효자좌승지정의번지문忠臣孝子左承旨鄭宜藩之門'이라는 정려가 내려져 충효각을 세웠다. 그리고 이어 1788년(정조 12)에 드디어 정세아의 시호를 강의剛義로 하사받았다. 그 뜻은 과단성을 이루어서 적을 죽인 것을 강剛이라 하고(致果殺賊曰剛), 인군 즉 나라를 먼저하고 자기를 뒤에 하는 것을 의義라고 한다(先君後己曰義)는 의미였다. 비로소 정세아는 그의 공로를 국가로부터 정당하게 인정받은 셈이었다. 또한 그는 이렇게 시호를 얻음으로써 불천위의 지위를 획득하게 되었다. 거의 200년간에 걸친 정씨 문중의 노력의 결과였다. 1790년(정조 14)에는 정세아의 흔적이 깃든 자호정사를 옛터에 중건하였으며, 이어 1793년(정조 17)에는 시호를 기존의 신도비에 추각하는 작업을 하였다. 이로써 정세아에 대한 후손들의 현창작업은 일단락되었다.

다음으로는 정의번의 추가 증직과 시호 하사를 위한 노력을 경주하였다. 그리하여 1870년(고종 7)에 정의번이 종2품 가선대부 이조참판에 증직되기에 이르렀다. 하지만 끝내 시호를 얻는 데

충효각 현판

충효각

정세아의 신도비각

까지는 미치지는 못하였다. 이에 1874년(고종 11)에는 이상과 같은 사실들을 반영할 수 있도록 정세아 부자의 실기를 중간함으로써 길이 역사에 전해지도록 하였다.

2. 정만양·규양 형제

정만양鄭萬陽·규양葵陽 형제는 정세아의 5대손이다. 생원 석주碩冑와 의성김씨 사이에서 태어났다. 그들의 외가는 안동지역의 벌족인 의성김씨로 어머니는 방열邦烈의 딸이었다. 방열의 동생 방걸邦杰은 숙종 대 대사성을 지낸 인물로 학봉 김성일 형제 이후로 그 가문의 대표적인 존재로 자리매김한 인물인데, 정만양에게는 외종조가 되었다. 그리고 스승인 이현일의 신원에 앞장섰던 김성탁金聖鐸과는 내외종간이었다. 이러한 안동의 의성김씨 집안과의 혼인 관계는 정씨 형제들의 입지에 많은 도움이 되었을 것으로 추정된다.

훈수塤叟 정만양은 1664년(현종 5)에 태어나 1730년(영조 6)에

67세로 졸하였고, 동생 지수篪叟 정규양은 3년 뒤인 1667년(현종 8)에 태어나 1732년(영조 8)에 66세로 졸하였으니, 두 형제는 거의 비슷하게 생몰하였음을 알 수 있다. 그들의 호에 들어간 훈塤과 지篪는 악기 이름으로 각각 흙으로 만든 피리와 대나무로 만든 기다란 퉁소를 가리키는데, 『시경詩經』 「소아小雅」 '하인사何人斯'에 나오는 "백씨취훈伯氏吹塤 중씨취지仲氏吹篪"에서 따온 것이다. 그리하여 '훈지아주塤篪雅奏'는 형제가 서로 화목함을 비유할 때 쓰인다. 이 두 형제는 호의 뜻에 걸맞게 평생을 함께 지내며 우애를 유지하였다. 두 사람이 남긴 글도 공동 저술로 간주하여 문집도 『훈지집塤篪集』이라 명명하였다.

정씨 형제는 어려서부터 20여 세 때까지 종조부인 학암鶴岩 시연時衍으로부터 가학家學을 통해 학문의 기초를 닦았다. 정씨 형제들의 주변 친척들도 거의 갈암葛庵 이현일李玄逸과 학문적 유대를 갖고 있어 가문적인 차원에서도 갈암의 학맥 분위기에 놓여 있었음을 알 수 있다.

그들은 30대 초반에 이현일과 직접적인 학연을 맺으면서 그 문하에 입문하였는데, 이때는 이현일이 갑술환국으로 실각하여 광양의 유배지에 있을 때였다. 그 사제 간의 만남은 얼마 가지 못하고 이현일의 사망으로 끊어졌다. 이현일과의 인연은 그 아들인 밀암密庵 이재李栽와의 교분으로 이어져 정씨 형제들은 계속 이현일의 영향권 내에 속해 있었다.

그들이 교유한 주변 인물로는 밀암 이재를 위시하여 내외종 간인 제산霽山 김성탁, 인척관계에 있던 병애屛厓 조선장曺善長 등이 대표적이었다. 안동의 권두인權斗寅, 숙종 대에 영천으로 이주한 병와甁窩 이형상李衡祥 등도 비교적 교분이 두터웠던 인물로 파악된다.

하지만 정씨 형제는 일찍부터 학문을 닦으면서 후진양성에 주력하는 은둔의 길을 택하였다. 그들은 1701년 30대 후반에 영천의 대전리에서 약 50리 떨어진 보현산 자락의 횡계리로 거처를 옮겨 육유재六有齋와 태고와太古窩를 짓고 함께 은둔하였다. 1707년 40대에는 근처의 계곡에 고산사高山社를 짓고 제자들을 가르쳤으며, 1716년 50대에는 옥간정玉磵亭과 진수재進修齋를 지어 학문연구와 강학의 장소로 삼아 절차탁마하였다.

그리하여 한창 학문이 무르익었을 때는 갈암을 잇는 영남의 대표적인 학자들로 성장하였다. 따라서 이들 형제는 이현일의 사후 '북의 밀암(이재의 호), 남의 훈수(정만양의 호)' 라는 말이 운위되었을 정도로 당대에는 이재와 함께 갈암학맥을 대표하면서 영남 유림을 영도하는 위치에 올랐다.

그들의 문인으로는 구문인록舊門人錄에 등재된 111인을 비롯하여 추가로 첨가된 61인을 합하면 총 172인에 달하였다. 본관과 거주지가 비교적 명확하게 기재되어 있는 구문인록의 111명을 대상으로 삼아 자세히 분석하면 다음과 같다. 본관별로는 연일

옥간정

정씨가 46명으로 전체의 41%에 달하는 다수를 차지한 가운데, 화산권씨와 하성조씨가 각각 9명, 서산류씨가 5명, 월성최씨와 벽진이씨가 각각 4명, 웅천박씨·풍양조씨·청안이씨·함안조씨가 각각 3명, 영천윤씨·달성서씨·월성김씨·광주안씨가 각각 2명 순으로 나타난다. 거주지별로 보면 역시 영천지역이 68명으로 가장 많아 전체의 61%에 달하였다. 그 외에는 경주 9명, 신녕 8명, 청송 5명, 울산 3명, 대구·안동·상주·장기·서울이 각각 2명 순이었다. 이를 통해 볼 때 그의 문인은 주로 영천 주변의 정씨를 주축으로 하여 경주, 신녕, 울산, 청송 등 주로 경주권을 중심으로 형성되어 있었음을 알 수 있다. 대표적인 문인으로는 참의 정중기鄭重器, 승지 정간鄭榦, 감찰 안경세安景說, 승지 조석룡趙錫龍, 장령 권응규權應奎 등을 들 수 있다.

그들의 학문적 관심은 경학과 경세학 양쪽이었다. 경학은 퇴계 이황에서 갈암 이현일로 이어지는 이기론에서 크게 벗어나지 않았다고 보이는데, 이와 관련된 저술로는 『이기집설理氣輯說』, 『심경질의보유心經質疑補遺』 등이 있다. 예설에 대해서도 많은 관심을 베풀어 『의례통고儀禮通攷』, 『의례별집儀禮別集』, 『개장비요改葬備要』, 『가례차의家禮箚疑』, 『속예차기續禮箚記』 등 많은 저술을 남겼다.

그들의 학문에서 무엇보다 관심을 끄는 것은 경세론에 대한 관심이었다. 퇴계학파의 경우 경세론에 대한 관심은 이현일 형제에게서 고조되기 시작하였는데, 정씨 형제가 그에 대한 관심을 계승하면서 발전시켰다고 할 수 있다. 그들의 경세론은 『훈지속집塤篪續集』 권3~6에 걸쳐 실려 있는 「치도의설治道擬說」에 집약되어 있는데, 자신들의 개혁안을 전정田政, 군정軍政, 공거貢擧 세 부분으로 크게 나누어 중국과 우리나라의 예를 자세하게 살핀 다음 그를 토대로 하여 자신들의 대안을 제시하였다. 조현명趙顯命은 발문에서 "옛것에 거슬리지 않으면서 오늘날에 가히 실행할 수 있는 것"으로 높이 평가한 바 있다.

먼저 전정 개혁안으로 제시된 것은 한전제限田制였다. 그들은 중국의 한전제에서 그 이념을 가져와 이를 우리나라 당시 실정에 맞게 새롭게 변용하였다. 즉 국가 차원의 토지 지급이 불가능한 현실을 고려하여 토지보유액의 상한선을 설정하는 개혁안을 마련하였다. 토지 개혁 구상의 핵심 내용은 개인의 소유권을 극도로 축소시키고, 국가의 토지에 대한 관리 권한을 대폭 강화하는 것이었다. 그들이 한전제를 통해 강조한 것은 분배를 감안한 평준화된 서민들의 생활, 사의 특권이 인정되는 사회, 토지에 대한 통제력이 강한 국가 등이었다.

물론 한전제는 당시의 토지소유관계를 그대로 인정한 가운데 제기된 것이어서 소극적인 느낌을 줄 수도 있지만 전체적으로 볼 때 그만큼 현실적으로 실현성이 있는 주장이었던 것이다. 또한 그들의 한전제 주장은 다른 학자들에 비해 시기적으로 빠른

편에 속하여 선구적인 의미가 있으며, 매우 체계적이고 구체적으로 정교하게 짜였다는 점에 의의가 있다고 하겠다.

다음으로 군정과 관련하여 그들은 당시 조정에서 거론되던 군정 관련 개혁안을 비판적 시각에서 분석한 다음 몇 가지 대안을 제기하였다. 그 특징으로는 평상시 훈련 단위를 초哨에서 하부 단위인 기旗로 변경함으로써 농민들의 이동 거리를 줄여 부담과 폐해를 줄인다는 점, 수령과 초관의 역할에 대한 강조 등을 지적할 수 있다. 군포 징수와 관련해서는 비용의 절감을 통해 백성들에게 고통을 가중시킴 없이 현실의 문제를 해결할 것을 주장함으로써 세금 징수와 관련한 집권층의 발상의 전환을 촉구한 점도 들 수 있다.

마지막으로 공거貢擧 개혁안으로는 인재의 육성 방안, 선발 방안, 적절한 활용 방안 등이 개진되었다. 인재육성 방안으로 제기된 것은 학생들을 군현을 단위로 하여 연령과 실력을 감안해서 몽사蒙士·수사秀士·선사選士로 구분하여 교육시킬 것과 선사 중 뛰어난 자를 조정에 천거하게 함으로써 육성안을 활성화시키는 것이었다. 인재의 효율적 배치를 위해 중시한 것은 민간 백성들의 삶에 대한 실무의 경험으로, 관료의 승진과 배치에 있어 지방관으로서의 실적을 최우선적으로 고려할 것을 제안하였다. 이 주장들은 삼대三代의 '교사지법敎士之法'을 기본으로 하고 당시의 '시왕지제時王之制'를 참작하였으되, 관료의 등용 기준으로 문사

文詞보다 세상의 실무를 강조한 바 있던 숙종 대 이현일의 주장과 일맥상통하는 것으로 미루어 스승인 이현일을 위시한 영남 남인들과도 교감한 것으로 보인다.

영남 남인 학자 가운데서 제도에 대한 개혁안을 지식인이 가져야 할 관심사로 삼아 깊이 연구한 점은 그들이 후대에 끼친 큰 정신적 자산인 것이다. 이 개혁안은 영조 초년 당시 소론 집권당의 핵심이었던 경상도관찰사 조현명이 정규양을 방문한 것을 계기로 그를 통해 관계 요로에 알려졌던 것이기도 하였다.

그들은 평생을 은둔생활로 일관하였지만 세상에 대한 관심과 현실을 보는 눈은 날카롭게 살아 있었다. 이는 현실 문제를 해결하기 위한 개혁안 연구에 몰두한 사실에서도 드러났지만 그보다 더욱 잘 드러내 준 것은 영조 4년 무신란戊申亂이 일어났을 때 적시에 의병을 일으킨 사실에서였다. 무신란은 영조의 즉위에 불만을 품은 소론과 남인의 급진파들이 주도하여 정권 탈취를 목적으로 일으킨 정변이었다. 주모자 이인좌李麟佐와 정희량鄭希亮 등이 소현세자昭顯世子의 증손 밀풍군密豊君을 추대한 정변으로, 이들에 의해 청주성이 점령당하였고 경상우도의 일부 지역도 순식간에 장악되었다. 조선왕조 역사상 사족들이 군사를 일으켜 정변을 꾀한 것은 이것이 처음으로, 충격적인 일대 사건이었다.

이러한 소식을 접한 정부의 대응은 신속하고 단호하게 진행되었다. 일단 서울 주변의 내응 가능성이 있는 부류를 색출하여 단속함으로써 만일의 사태에 대비하는 한편, 신속히 진압군을 편성하여 급파하기에 이르렀다. 병조판서 오명항吳命恒을 도순무사都巡撫使로 삼고, 박문수朴文秀·조현명을 종사관으로 하여 진압에 임하게 하였다.

　또한 조정에서는 영남 남인의 핵심 세력이 포진한 경상좌도(상도)가 난군과 결탁한다면 파장이 걷잡을 수 없을 정도로 확대될 것으로 우려하였다. 이에 영조 초에 안동부사를 지내 비교적 그곳 사정에 밝은 대사성 박사수朴師洙를 영남안무사嶺南按撫使 겸 안동부사로 임명하여 즉일로 부임하게 하였으며, 영남 출신 관료인 영양의 조덕린趙德鄰과 영천의 이형상李衡祥을 호소사號召使로 삼아 그를 돕게 하였다. 안동으로 급히 내려온 박사수는 안동부 내의 유력 인사를 초치하여 위무하는 한편 인근의 유력 인사들에게 의병을 일으키기를 권면하였는데, 정만양·규양 형제도 그의 권면을 받은 인사 중에 속하였다.

　영남안무사 박사수의 권면을 받기 전인지 후인지는 정확하게 알 수 없으나, 영천에 은거하던 정만양·규양 형제는 무신란이 발발하였다는 소식을 접하고는 즉시 영천지역의 사족들을 중심으로 187명의 의병을 규합하기에 이르렀다. 이때 정규양은 62세의 나이로 영천 사족들의 추대를 받아 이 지역 의병장으로 추대되었다. 영남안무사로부터 창의 권유 대상자로 지목받은 것이나 영천지역의 의병장으로 추대된 사실은 평소 그들이 지녔던 높은 명망을 잘 보여 주는 사례라고 하겠다.

그들은 영천지역의 사족과 사족가의 노비를 중심으로 의병을 모집하고 의진義陣을 편성하는 한편, 안동의 의병 및 안무사와의 연락을 긴밀하게 주고받으면서 사태 추이를 주시하고 있었다. 이때 안동을 위시한 경상도의 각지에서 지역 단위의 의병들이 속속 결성되고 있었다. 의병의 결성은 기본적으로 국왕에 대한 충의라는 유자의 기본적인 자세에서 비롯된 것이기도 하였고, 임진왜란이나 정묘·병자호란을 거치면서 결성되었던 의병의 전통을 계승하는 면도 있었다. 하지만 무엇보다도 남인이 난의 주모자로 가담하였을 뿐 아니라 영남지역 일부가 난군에 넘어간 절박한 상황에서 나머지 영남지역을 온전히 보전하는 방책이었다는 점에서 의미가 있다. 영천지역에서는 바로 이들 형제가 선봉에 서서 그 역할을 적시에 잘 수행하였다고 하겠다. 여기에서 이들 형제의 현실에 대한 뛰어난 판단력과 식견을 읽을 수 있다.

3. 정환직 · 용기 부자의 산남의진

산남의진비

　산남의진山南義陣은 1905년 을사늑약으로 인한 국권상실의 위기를 타개하기 위해 경상북도 동북부지역을 거점으로 활동한 의병이다. 산남의진은 1906년부터 전후 4차례에 걸쳐 3년간이나 지속적인 활동을 하였다. 그 중심에 정환직 · 용기 부자가 있었다.

　을사늑약이 체결될 즈음 고종은 정환직에게 밀지를 내려 나라를 위

충효재

충효재에 세워져 있는 고종황제밀조비

충효동 사적비

해 의병을 일으킬 것을 전하였다. 이때 고종은 "경卿이 화천지수 華泉之水를 아는가?"라고 물으면서 '짐망朕望'이라는 두 글자를 적은 밀지를 정환직에게 내려 주었다. 이에 환직은 아들 용기로 하여금 귀향하여 의병활동을 전개하도록 독려하는 동시에 동지를 규합, 국권회복을 위한 계획을 추진하게 되었다. 지금 영천시 자양면 충효리 충효재 마당 한쪽에는 고종이 내린 밀지를 기념하기 위해 앞면에 '짐망화천지수전세비朕望華泉之水傳世碑'라고 새겨 세워 둔 비석이 있다.

'화천지수'는 중국의 춘추전국시대에 적의 추격으로부터 기지를 발휘하여 제齊나라 경공頃公을 탈출시킨 봉축부逢丑父의 고사에서 따온 말이다. 즉 제나라 경공이 적의 추격을 피해 마차를 타고 도망을 가던 중 화천 근처에서 마차가 나무에 걸려 꼼짝 못하고 잡히게 된 형국이었는데, 이때 봉축부가 경공과 옷을 바꾸어 입고 짐짓 목이 마르니 경공으로 하여금 화천에 가서 물을 떠오라고 시키니, 이 틈을 타고 경공은 탈출하여 살 수 있었고, 봉축부는 대신 잡혀갔다는 고사를 가리킨다. 일본으로부터 나라를 되찾는 데 대신 힘써 달라는 황제의 간곡한 당부를 암시적으로 드러낸 것이었다.

정환직(1844~1907)은 정세아의 10대손이었다. 의술을 배우다가 천거로 1887년(고종 24) 북부도사北部都事가 되고, 이듬해 의금부도사를 지냈다. 1894년 토포사討捕使에 임명되어 고종의 밀지를 받고 황해도 지방의 동학군을 진압하였다. 그 공으로 태의원 시종관太醫院侍從官이 되었다. 1899년(광무 3) 삼남검찰사三南檢察使 겸兼 토포사討捕使로 재임 중 종묘 화재 때에 신주神主를 잘 옮겨 패물을 하사받았다. 이때 황제를 직접 업어서 피신하게 한 것은 유명한 일화이다.

1905년 일제의 강권에 의해 을사조약이 체결되었다. 관직에서 물러날 뜻을 가진 그에게 고종은 밀지를 내려 의병을 일으켜 나라를 구할 것을 당부하였다. 이에 정환직은 아들 용기와 함께 의논하기를, 자신이 서울에서 가산을 정리하여 각종 무기를 마련하고, 특히 인천의 중국 상인들을 통하여 신식 무기를 몰래 들여와서 이를 석 달 후까지 강릉으로 옮기기로 하였다. 그리고 아들 용기는 고향인 영천에서 의병을 규합하여 강릉으로 북상하도록 하되, 대구와 대전 등지를 거치게 되면 반드시 왜병들의 강한 저항이 있을 것이므로 동해안을 따라 올라가기로 하고, 도중에 이미 세력을 크게 떨치고 있는 영덕지방의 신돌석 의진과도 합세하기로 하였다. 의병의 궁극적인 목표는 강원도 강릉지역으로 진군한 다음 다른 의병과 연합하여 서울로 진격하여 황제를 구하고 국권을 회복하는 것이었다.

아버지의 명을 받은 정용기는 1905년 12월에 영천에 창의소를 마련하고 의병 모집에 나섰다. 정용기는 혜민원 총무를 거쳐 계몽단체인 독립협회와 만민회에 참여하였으며, 보안회, 국채보

상운동에도 앞장선 깨인 지식인이었다. 정용기가 영천에 창의소를 마련하였다는 소식이 각지에 전해지자 당시 경상도 일대에서 소규모 부대로 활동하던 이들이 곳곳에서 모여오고, 뜻있는 의사와 민중들이 속속 모여들었다. 1906년 3월 산남의진으로 이름하였고 정용기가 대장으로 추대되었다. 산남의진은 지역적으로는 영천·경주·포항·청하·흥해·영덕 지역을 아우르는 대부대로서, 청송·영해를 중심으로 활동하던 신돌석부대와 더불어 경상도를 대표하던 의병부대였다. 이때의 핵심적인 인물은 대장 정용기를 위시하여 중군장 이한구, 참모장 손영각, 소모장 정순기 등이었다. 1906년 4월 신돌석부대가 토벌군의 공격을 받아 곤경에 처했다는 소식을 접한 산남의진은 이를 돕기 위해 수백 명이 첫 진군을 하였다. 경주로 진군하던 중 경주 진위대의 간계에 빠져 대장 정용기가 체포되어 대구 감영에 수감되고 말았다.

산남의진의 행렬이 영일군(지금의 포항시) 신광면 우각동 앞에 이르렀을 때, 대구의 의진에서 급히 보내는 서한을 가져왔다는 자가 기다리고 있었다. 편지의 내용인 즉, 정용기의 아버지 정환직이 지금 경주로 내려와 있으니 즉시 와서 만나도록 하라는 것이었다. 정용기는 부친과 헤어진 후 의병을 규합하고 북상하게 된 그동안의 경과를 알리려는 급한 마음에서 지휘권을 임시로 이한구에게 맡기고 심부름 왔다는 자와 함께 경주로 달려갔다. 그러나 그것은 당시 대구 진위대 경주 제8대대 분견대장 신석호란

자의 계략으로 정용기는 관군에 체포되어 대구 감옥으로 송치되고 말았던 것이다.

이에 중군장 이한구의 지휘 하에 영천, 강구, 청하 등지에서 일군과 관군에 맞서 전투를 벌였다. 하지만 수차에 걸친 전투로 많은 희생자를 낸 산남의진은 후일을 기약하고 7월에 일단 해산하기에 이르렀다. 이것이 1차 활동이었다.

2차 활동은 1907년 봄부터 이루어졌다. 정환직의 주선으로 대구 경무청에서 석방된 정용기는 기회를 엿보다가 의진을 재조직하였다. 이때 조직은 1차 의진 조직에 기반하고 있었다. 여기에 군인 출신인 우재룡, 김성일 등이 새롭게 합류함으로써 훨씬 전투력을 증강시킬 수 있었다. 관동지역으로 북상하는 길을 확보하기 위해 여러 방면으로 노력하던 중 청하, 청송 등을 공격하여 무기를 노획하는 등의 성과를 거두기도 하였다. 그리고 한때는 포항을 점령하였고, 영천을 함락시키기도 하였으나 무기의 열세로 말미암아 오래 버틸 수 없었고, 곧 산속으로 퇴각하여 군기를 준비하는 지루한 상황이 지속되었다.

그동안 영천 검단리(오늘날 충효동) 정환직의 집을 위시하여 주변 민가들이 일본군의 방화에 의해 불태워졌다. 당시 일본군에 의한 촌락 방화, 양민 탄압과 같은 만행은 의병이 활동하는 지역에서는 어디에서나 자행되던 일상적인 것이었다. 정환직의 재촉을 받은 정용기는 드디어 산남의진의 본진을 이끌고 북상길에 올랐다. 죽장에 유숙할 때 일본군이 청송에서 죽장으로 이동한다는 첩보를 접하였다. 이에 일본군이 입암에 유숙할 것이라 예상하여 이세기, 우재용, 김일언의 세 장령에게 각기 군사를 나누어 매복할 것을 지시하고, 자신은 본진을 이끌고 새벽에 일본군 진영을 일거에 급습할 계획을 세웠다. 그런데 이동하던 이세기의 의병들은 입암동 주막에서 일본군들이 식사를 하는 것을 탐지하고, 눈에 뜨이는 일본군이 극소수에 지나지 않은 것으로 판단하여 성급하게 주막을 덮쳤다. 도리어 주변에 매복해 있던 영천 수비대 소속 일본군의 역습을 받아 포위되는 처지가 되고 말았다. 이에 다른 매복지로 가고 있던 정용기, 이한구, 손영각, 권규섭 등의 의병들이 계획을 바꾸어 지원에 나섰으나 예상외로 많은 일본군 병력으로 다섯 시간의 접전 끝에 큰 패배를 당하고 말았다. 이때 대장 정용기를 위시하여 중군장 이한구, 참모장 손영각 등 사십여 명의 핵심 인사들이 격전을 치르다가 총탄을 맞아 순절하였다. 산남의진의 입암지변立巖之變이었다. 검단리 본가에 머물러 있던 정환직이 이튿날 비보를 접하고 입암의 격전지로 달려갔으나 미처 감지 못한 눈을 부릅뜬 채 참혹한 모습으로 뒹구는 시체만 겨우 수습할 수 있을 뿐이었다. 입암리는 일본군에 의해 초토화되었다. 입암전의 대참패로 산남의진의 지휘부는 무너졌고, 이에 따라 의진의 활동도 재기 5개월 만에 다시 중지되고 말았다.

그러나 이에 굴하지 않고 이번에는 아들을 대신하여 아버지 정환직이 노구를 이끌고 직접 산남의진을 지휘하게 되었다. 사실 산남의진이 2차 활동을 하는 동안 국내의 상황은 매우 급박하게 악화되고 있었다. 고종이 일본의 협박 속에 강제 퇴위되었고, 이어 군대가 해산당하는 상황에까지 처하였다. 이들 해산된 군인들이 서울에서 정면으로 결전을 벌이는 등 국내 상황은 악화일로에 있었다. 그 상황에서 산남의진이 입암에서 참패를 당한 것이었다.

정환직을 중심으로 다시 뭉친 산남의진은 새로운 인원을 많이 보충하였다. 청송·하양·인동·의성·기계·진보·안동·영덕·경주·영천 등 경상도의 중북부지역에서 군사를 보충하였다. 특히 해산된 진위대 제3대대 경주 분견대 부위副尉 이하 30여 명의 훈련받은 군인들이 대거 산남의진에 합류하게 되어 의진의 전력은 급격히 증강되었으며 의병들의 사기는 날로 충천하여 갔다.

영천 북쪽의 보현산을 거점으로 하여 관동으로의 북상을 준비하였다. 그러던 중 청하를 공격하여서 전공을 올리기도 하였다. 하지만 청송에서 유숙할 때 마침 우기여서 통신이 두절되었을 뿐 아니라 화승총의 사용 불가로 말미암아 전력이 최악으로 된 상태에서 일본군의 급습을 받았다. 이에 추격하는 일본군을 피해 보현산으로 숨어들었다. 화약과 탄환이 고갈되어 전투력이 급격히 떨어졌으나 다시 전열을 가다듬은 산남의진은 다시 흥해를 공격하여 적병 수십 명을 사살하고 총기 수십 정을 노획하기도 하였다. 흥해를 공격한 후 청하를 거쳐 영덕으로 이동하던 중 교전 끝에 일본군을 패퇴시키기는 하였으나, 의진도 북상을 하지 못하고 다시 남으로 내려오지 않을 수 없게 되었다.

이에 정환직은 작전을 변경, 개별적으로 북상하여 강릉으로 들어가기를 기약하고 일단 의진을 해산하였다. 이에 따라 의병들은 상인이나 농민으로 변장하여 개별적으로 북상하였다. 정환직은 북상하던 중 청하에서 일본군에게 체포되고 말았다. 일본군이 회유하고자 하였으나 끝까지 반일의 뜻을 굽히지 않았다. 결국 영천으로 잡혀와 총살형을 당해 순국하였다. 그가 사형되던 날 영천 관청 누각의 기와가 공중으로 날아올라 온 저잣거리 사람들을 크게 놀라게 하였다고 한다. 그의 나이 64세 때의 일이었다. 이에 해산했던 의병들이 구출작전을 펴기도 하였으나 성공하지는 못하였다. 훗날인 1963년 건국훈장 대통령장이 추서되었다.

이후 산남의진은 최세윤을 대장으로 내세워 활동을 지속하게 되었다. 최세윤은 북상을 중단하고 각지의 산악지대를 거점으로 지대별로 유격전을 전개하였다. 그리하여 여러 지역에서 수많은 산발적인 저항을 지속하였으나 대폭 증강된 일본군에 의해 처참하게 꺾이게 되었다.

정환직과 정용기의 묘소

　나라와 민족이 외세에 의해 침탈당하였을 때 분연히 일어난 산남의진은 3년간 4차례에 걸쳐 끈질긴 투쟁을 전개하였다. 그 중심에 정환직·용기 부자가 있었다. 산남의진은 경상도지역을 총망라한 의병 규모와 3년간이라는 장기적인 항쟁 기간으로 비추어볼 때 비록 그 성과는 크다고 할 수 없으나 의병사에서 차지하는 의의는 결코 작지 않다. 산남의진은 어느 의병보다도 앞서서 전국 의병의 연합작전을 유도하고 선도하였다는 의미가 크다. 비록 성공하지는 못했지만 산남의진은 서울 의병과의 연합작전을 통한 서울 진격을 구상하였고, 그를 실현하기 위해 관동으로의 북상을 일관되게 추진하였던 것이다. 이는 이후 전국 의병의 연합작전을 유도하는 의미가 있는 움직임이었다.

우리 시대 시단의 거목인 시인 고은은 「의병 정용기」라는 제목의 다음과 같은 시로 정환직·용기 부자의 충절을 기렸다.

> 꽃 나이에 꽃으로 졌다
> 젊은 의병 정용기 싸움터에서 죽었다
> 그 뒤로 늙은 아비 정환직이 나서서
> 아들 죽은 싸움터로 달려 나갔다
> 그 싸움 끝나고 왜놈에게 잡혔다
> 처형의 날 새벽에 남긴 노래
> 이 몸 죽을망정 마음이야 변할쏘냐
> 의는 무겁고 죽음은 오히려 가볍도다
> 뒷일 누구에게 부탁할까
> 생각하고 생각느니 이미 훤한 새벽이구나
>
> 고은, 「의병 정용기」

제4장 종가의 제사와 문중 묘역

1. 종가의 제사

1) 종가의 1년 제사

　호수종택은 경상북도 영천시 대전동에 있다. 종택의 서북쪽에 사당이 있으며, 여기에 정세아의 불천위가 모셔져 있다. 호수종택은 지금 노종부 민옥기(75세)가 지키고 있다. 이 종가의 제사 방식에 약간의 변화가 가해진 것은 1990년 종손(鄭在烈: 정세아의 15대손)이 병으로 세상을 떠나고 난 직후부터였다. 당시 차종손이었던 현 종손 정현목鄭鉉休(정세아의 16대손)은 갓 결혼한 27세의 현역 육군 장교로서 근무지를 따라 멀리 거주하고 있었다. 도저히 이전과 같은 방식으로는 종가의 제사를 감당할 수 없는 상황이었다.

이에 문중 어른들은 대책 회의를 열었고, 이 자리에서 여러 가지 어려운 결정을 많이 내렸다. 즉 기제사는 4대봉사에서 2대봉사로 줄여 종손이 거주하는 곳에서 지방을 써서 모시되, 다만 불천위 제사는 당분간 문중이 주도하여 종택에서 모신다는 것 등이었다. 변화하지 않으면 전통은 지킬 수가 없는 것이다. 문중 어른들이 내린 현명한 판단이었다.

호수종택을 중심으로 문중에서 지내는 제사는 호수공 고비위 불천위 제사, 매년 4월 셋째 일요일에 지내는 하천묘역의 시제, 정월과 추석의 차례, 10월 묘제 등이다. 이 가운데 정월과 추석의 명절 제사는 사당에 제수를 진설하여 모시고 있다. 특히 하천묘역의 시제 때에는 문중의 대부분이 참석하여 제관이 삼사백 명에 이를 정도로 성황을 이룬다. 원래 시제는 10월 21일에 모셔 왔으나 20여 년 전부터 4월로 바꾸어 지내고 있다.

종택에는 현재 거주하는 사람이 없다. 그 큰 집을 노종부가 혼자 관리하기 어려워 1995년경 종택 앞마당 아래에 따로 살림집을 하나 지어 그곳에 기거하면서 모든 제사와 종가의 일을 맡아보고 있다. 불천위 제사도 현재는 이곳 살림집에서 모신다고 한다. 살림집이 마련된 이후에도 2003년까지 수년간은 종택의 사랑채에서 제사를 모셨다. 하지만 여름에 비가 들이치거나 겨울에 추위가 심해 연로한 제관들이 너무 힘이 들어 편의상 제청을 살림집으로 옮겼다고 한다. 종손은 다시 사랑채에서 제사를 모실 방안을 모색 중이다.

　호수종가 불천위 제사와 관련하여 눈길을 끄는 것은 제사를 원활하게 잘 모시기 위해 1923년에 결성된 참재소계參齋所契가 90여 년 동안 이어지고 있다는 점이다. 처음에는 멀리서 말을 타고 오는 제관들의 음식이나 말먹이 비용, 노자, 재산세 등을 지원하였으나, 요즘은 제수 비용을 일부 지원하고 있다. 현재 회원은 약 500명이다.

　또 하나 1978년에 결성된 하천종약회夏泉宗約會가 있다. 이는 이전부터 있던 하천재위계夏泉齋位契의 정신과 역할을 이어받은 것이다. 문중 공동의 묘역 관리를 위시하여 종가 보존을 위한 여러 가지 사업에 지원을 아끼지 않고 있다. 자손이 모두 회원인바, 총회원이 약 만 오천여 명에 달한다. 호수종가의 힘이다.

2) 불천위 제사

(1) 제청 마련

　불천위 제일은 음력 11월 3일이며, 비위의 제일은 음력 6월 12일이다. 1년에 두 차례, 두 분을 합설하여 모신다. 몇 년 전까지만 해도 종손이 멀리 떨어져서 직장생활을 하고 있었기 때문에 제사 준비를 도맡아 할 수 없었다. 부득이 문중에서 제청을 마련하는 일을 모두 주관하였다. 더러는 종손을 대신하여 문장門長이 주인의 역할을 할 때도 있었다고 한다. 참사자들은 시도기時到記와 집사분정기執事分定記를 작성하고 제사를 모시고 있다.

현재 종택을 중심으로 대략 50여 호의 동성 가구가 거주하고 있으며, 불천위 제사 때에는 이들 동성 주민들이 문장을 중심으로 제사 준비를 돕는다고 한다. 동성 주민들의 연령대는 60~70대 이상으로 대부분이 노인들이다. 그들 문중 노인들이 중심이 되어 불천위 제사를 상당 기간 모셨다고 한다. 수년 전에 종손이 고향 근처에 있는 새로운 직장으로 옮겨와 있으니 그 든든함에 문중 어른들은 큰 시름을 덜었다고 할 수 있다.

제사 음식은 종부가 노쇠하기는 하나 여전히 손수 영천과 대구 등지에서 장을 보고 제수를 준비한다고 한다. 음식을 만들 때에는 주변의 동성 주민이 참여하여 도와준다. 특별히 제사에만 준비하는 음식이 있다든지 타 종가에서 사용하지 않는 음식을 쓴다든지 하는 것은 없고, 일반적 제수를 마련하고 있다. 제주祭酒는 아직 집에서 쌀로 담근 청주를 사용하고 있다. 안동지방의 일부 종가에서 날고기를 쓰는 데 비해 호수종가에서는 날고기를 쓰지 않으며, 도적도 크게 쌓지 않는다고 한다. 다만 송기떡을 비롯한 다양한 떡을 종류별로 많이 마련하여 쓰는 것이 다른 종가의 제사와 다른 점이라고 하였다.

송기떡은 송기가루를 멥쌀가루와 버무려 시루에 쪄 안반에

향로, 향합, 제주

친 떡으로 약간 붉은색을 띤다. 후손들도 왜 하필 송기떡을 제상에 올리게 되었는지 그 유래는 잘 모른다고 했다. 짐작건대 송기떡은 임진왜란과 같은 전란 시에 굶주림에 허덕이던 백성들이 소나무 껍질을 구황식으로 사용한 것에서 비롯된 것으로 추측되는 바, 호수 선생의 의병활동 시의 어려움을 상징하는 의미도 있지 않을까 생각해 본다.

제기와 제구는 제사 당일 갖춘다. 천장에 치는 휘장인 앙장仰帳은 마련하지 않는다. 병풍을 두르고, 신주를 모시는 긴 의자인 교의交椅를 마련한 후 세상을 펴고 훗대를 놓는다. 그 앞쪽에 향안香案을 두고 향로와 향합香盒을 올리고, 모사기茅沙器와 퇴주기退酒器, 축판祝板 등을 적절하게 놓는다. 제수를 진설하기 전에

손을 씻고 또 제사를 시작하면서 모두 손을 씻는 것으로 관세盥洗를 대신한다.

호수종가에는 오래 전부터 전해오던 병풍이 있었는데, 이십여 년 전에 사랑채에 도둑이 들어 병풍의 글씨만 오려갔다고 한다. 현재는 새로 제작한 것을 제사에 사용하고 있다. 촛대는 앞쪽에 두지 않고 뒤쪽에 두는데, 제상이 좁아서 과일의 진설에 방해가 되기 때문이라고 한다.

(2) 진설

제사는 새벽 1시경에 지내기 때문에 12시 반쯤이 되면, 주인

【호수종가 제수 진설도】

불천위 제상

이하 집사자가 손을 씻고 준비한 제수를 차례로 제상에 진설한다. 과일은 조율이시棗栗梨柿의 순서로 올리고, 제철 과일, 국내산 과일, 수입 과일의 순으로 놓는다고 한다. 나물이나 전·적·병 등도 일반적인 제수와 큰 차이가 없다. 1차 진설인 것이다. 신주를 모셔온 후에 2차 진설이 이어진다.

(3) 출주

1차 진설이 끝나고 주인과 집사자가 사당으로 가서 신주를

출주하는 모습

모셔 오는 것을 출주出主라고 한다. 이때는 보통 향집사香執事·촉집사燭執事·대축大祝이 주인과 동행한다. 호수종가의 경우에는 향과 향로가 사당에 마련되어 있으므로 향집사는 따로 두지 않는다. 촛불을 드는 촉집사와 축문을 읽는 대축, 주인 이렇게 세 사람이 사당으로 향한다.

    사당은 호수종택 왼쪽 뒤편에 자리 잡고 있다. 네 칸으로 이루어져 있으며, 『주자가례朱子家禮』의 법식과 일치한다. 내부에는 2대봉사로 줄이면서 불천위 감실과 조부모, 부의 감실이 마련되어 있다. 십수 년 전에 도둑이 들어 감실과 신주를 도난당했다고 한다. 현재의 감실은 도난당한 감실을 본떠 새로 만든 것이다.
　　사당을 드나들 때는 동계를 통해 동문으로 들어가고 동문으로 나오는 것이 보통이다. 호수종택에서는 주인과 집사자 모두 들어갈 때는 동쪽 계단을 통해 동문으로 들어가지만, 나올 때는 신주를 모신 주인은 중문으로 나온다. 주인이 동계를 통해 동문으로 들어가면, 축관이 향을 피우고 출주고사를 고한다. 출주고사는 신주를 모셔 가기를 청하는 고유문이다. 호수종가 불천위 고위의 출주고사 원문과 해석은 아래와 같다.

사당 내부 모습

호수종택 사당

　　今以

顯先祖考 贈資憲大夫兵曹判書兼知義禁府事行承議郎黃山道察
　　訪諡剛義公府君 遠諱之辰敢請

顯先祖考 贈資憲大夫兵曹判書兼知義禁府事行承議郎黃山道察
　　訪諡剛義公府君

顯先祖妣贈貞夫人孫氏 神主 出就廳舍 恭伸追慕

지금 현선조고 증 자헌대부 병조판서 겸 지의금부사 행 승의랑 황산도찰방 시강의공 부군의 기일에 감히 청컨대 현선조고 증 자헌대부 병조판서 겸 지의금부사 행 승의랑 황산도찰방 시강의공 부군과 현선조비 증정부인 손씨의 신주를 청사로 모셔 삼가 추모하는 마음을 펴고자 합니다.

비위 출주고사의 원문과 해석은 다음과 같다.

    今以
顯先祖妣贈貞夫人孫氏 遠諱之辰 敢請
顯先祖考 贈資憲大夫兵曹判書兼知義禁府事行承議郎黃山道察
   訪 諡剛義公府君
顯先祖妣贈貞夫人孫氏 神主 出就廳舍 恭伸追慕

지금 현선조비 증정부인 손씨의 기일에 감히 청컨대 현선조고 증자헌대부 병조판서 겸 지의금부사 행 승의랑 황산도찰방 시강의공 부군과 현선조비 증정부인 손씨의 신주를 청사로 모셔 삼가 추모하는 마음을 펴고자 합니다.

출주고사는 보통 감실의 문을 열지 않고 닫은 채로 아뢰고, 고사가 끝나면 감실문을 열고 신주를 모신다. 그러나 종가에 따라서는 사당에 들어가 감실문을 열고 출주고사를 읽기도 한다.

출주고사가 끝나면 감실에서 고위와 비위의 신주를 신주독에 거두어 청사로 모시고 나간다. 이때 집사자들은 동문으로 나가고, 주인은 신주를 모시고 가운데 문으로 나간다. 제청에 이르러 주인은 주독을 열고 신주를 내어서 교의에 모시고 신주갑을 벗기는데 이를 계독이라 한다. 비위의 경우는 통상 주부가 받든다.

고위의 신주에는 '顯先祖考贈資憲大夫兵曹判書兼知義禁府事行承議郞黃山道察訪諡剛義府君神主'라고 종서되어 있으며, 비위의 신주에는 '顯先祖妣贈貞夫人孫氏神主'라고 종서되어 있다.

『주자가례』 및 『사례편람四禮便覽』에는 기일에 당사자의 신위만을 모신다고 하였다. 그러나 회재 이언적이 「봉선잡의奉先雜儀」에서 인정상 두 분을 모셔도 무방하다고 한 이후, 대부분 기일에는 고위와 비위를 함께 모신다. 이를 합설이라 하며, 합설일 경우에도 상을 각각 따로 차리기도 하고 한 상에 함께 모시기도 하는데, 전자를 각설各設, 후자를 합설合設이라 한다. 호수종가의 경우에는 출주고사에 볼 수 있듯이 고위와 비위를 함께 모시는 합설의 예를 따르고 있으며, 진설도 합설하여 모신다.

(4) 참신과 강신

신주를 교의에 모시고 난 후 2차 진설이 이어진다. 어숙·

참신 시 재배하는 모습

편·면, 그리고 밥과 국을 올린다. 제사의 순서를 적은 글인 홀기笏記를 부르며 집사자의 주관 아래 제사를 진행한다. 먼저 참신參神이다. 참신은 주인 이하 제사에 참석한 이들이 조상을 맞이하는 의식이다. 제사에 참여한 사람들의 자리가 정해지면 제사에 참석한 전원이 신주를 향하여 두 번 절을 한다.

다음으로 강신降神은 하늘의 혼魂과 땅의 백魄을 제청으로 인도하는 의식이다. 향을 사름으로써 하늘의 혼을 불러오고 모사기에 술을 따름으로써 땅의 백을 모셔 온다는 의미이다. 참신을 마친 주인이 향안 앞으로 나아가 좌우집사의 도움을 받아 먼저 향불을 피운다. 그리고 잔을 쥐고 대기하고 있으면 우집사가 술을 채우는데, 주인은 그 잔의 술을 모사 위에 붓는다. 그리고 신주를 향하여 두 번 절하고 자신의 자리로 돌아간다.

(5) 초헌

주인이 첫 잔을 신위에게 올리는 것이 초헌初獻이다. 대개 그 방식에는 두 가지가 있다. 하나는 주인이 직접 신위전에서 잔을 내리고 술을 받아 다시 신위전에 올리는 것으로 『주자가례』와 『사례편람』의 방식이다. 다른 하나는 주인이 북향하여 무릎을 꿇고 앉으면 좌집사가 잔과 잔받침을 내려 주인에게 주고, 이어 우집사가 술을 따르면 주인이 술잔을 들어 읍한 후 좌집사에게 주어 제자리에 올리는 것으로 『국조오례의國朝五禮儀』와 『가례의절家禮儀節』의 방식이다. 호수종가에서는 후자의 방식을 따른다.

신위전에 올린 잔을 다시 내려 모사기에 나누어 붓는 것을 제주祭酒라 한다. 제주의 방식도 집안에 따라 차이가 있다. 초헌에만 제주를 하고 아헌과 종헌에는 하지 않는 집안도 있고, 아헌과 종헌에도 제주를 시행하는 집안도 있으며, 초헌과 아헌에는 하지 않고 종헌 때에만 제주를 하는 집안도 있다. 호수종가의 경우는 종헌 때에만 제주를 하고 있다. 좌집사가 신위 앞에 올려진 잔과 잔받침을 받들어 꿇어앉아 주인에게 전달하면 주인도 꿇어

앉아서 그것을 받아 왼손으로 잔받침을 받치고 오른손으로 잔을 잡아서 모사기에 세 번 나누어 붓는다. 그런 다음 잔과 잔받침을 좌집사에게 돌려주면 좌집사가 신위 앞에 다시 올린다.

일반적으로 헌작에 이어서 적을 올리는 진적進炙이 이어진다. 적을 올릴 때에는 집사자가 간을 화로에 구워 접시에 담아 이를 신위 앞에 올리기도 하고, 고기적과 생선적을 구워서 제상에 올리기도 하며, 날고기를 올리기도 한다. 대체로 초헌 때에는 육적을 올리는 경우가 많은데, 호수종가에서도 육적을 올린다고 한다. 주인이 헌작을 하고 꿇어앉아 있으면, 집사자들이 준비해 둔 육적을 제상 위에 올린다. 진적이 끝나면 계반개啓飯蓋가 이어지는데, 밥뚜껑을 열고 수저를 제자리에 놓는 것이다.

그 후 독축이 이어진다. 기일을 맞아 제사를 지내니 신들은 흠향하라는 내용의 축문을 읽는 것이다. 호수종가의 불천위 고위 축문의 원문과 해석은 아래와 같다.

維歲次某年十一月某干支朔初三日○○ 十六代孫鉉沐 敢昭告于
顯先祖考贈資憲大夫兵曹判書兼知義禁府事行承議郞黃山道察
　訪諡剛義府君
顯先祖妣贈貞大人孫氏歲序遷易
顯先祖考贈資憲大夫兵曹判書兼知義禁府事行承議郞黃山道察
　訪諡剛義府君 諱日復臨追遠感時不勝永慕謹以清酌庶羞恭伸

奠獻尚
饗

유세차 간지 11월 간지 3일에 16대손 현목이 감히 현선조고 증자헌대부 병조판서 겸 지의금부사 행 승의랑 황산도찰방 시강의 부군과 현선조비 증정부인 손씨에게 밝게 아룁니다. 해가 바뀌어서 현선조고 증자헌대부 병조판서 겸 지의금부사 행 승의랑 황산도찰방 시강의 부군의 기일이 다시 돌아옴에 시간이 지날수록 느껴워 길이 사모하는 마음을 이길 수가 없습니다. 삼가 맑은 술과 여러 가지 음식으로 공경히 제사를 올리오니, 흠향하시옵소서.

호수종가의 불천위 비위 축문의 원문과 해석은 아래와 같다.

維歲次某年六月某干支十二日○○ 十六代孫 鉉沐 敢昭告于
顯先祖考 贈資憲大夫兵曹判書兼知義禁府事行承議郎黃山道察
　訪諡剛義府君
顯先祖妣贈貞夫人孫氏 歲序遷易
顯先祖妣贈貞夫人孫氏 諱日復臨追遠感時不勝永慕謹以淸酌庶
　羞恭伸奠獻尚
饗

유세차 간지 6월 간지 13일에 16대손 현목이 감히 현선조고 증

종손의 초헌

자헌대부 병조판서 겸 지의금부사 행 승의랑 황산도찰방 시강의 부군과 현선조비 증정부인 손씨에게 밝게 아룁니다. 해가 바뀌어서 현선조비 증정부인 손씨의 기일이 다시 돌아옴에 시간이 지날수록 느꺼워 길이 사모하는 마음을 이길 수가 없습니다. 삼가 맑은 술과 여러 가지 음식으로 공경히 제사를 올리오니, 흠향하시옵소서.

독축이 끝날 때까지 헌관은 부복하며, 나머지 참사자들은 서서 대기한다. 독축이 끝나면 모두 일어나고 주인은 두 번 절하고 제자리로 돌아간다. 그런 후 좌우집사자들이 잔과 잔받침을 내

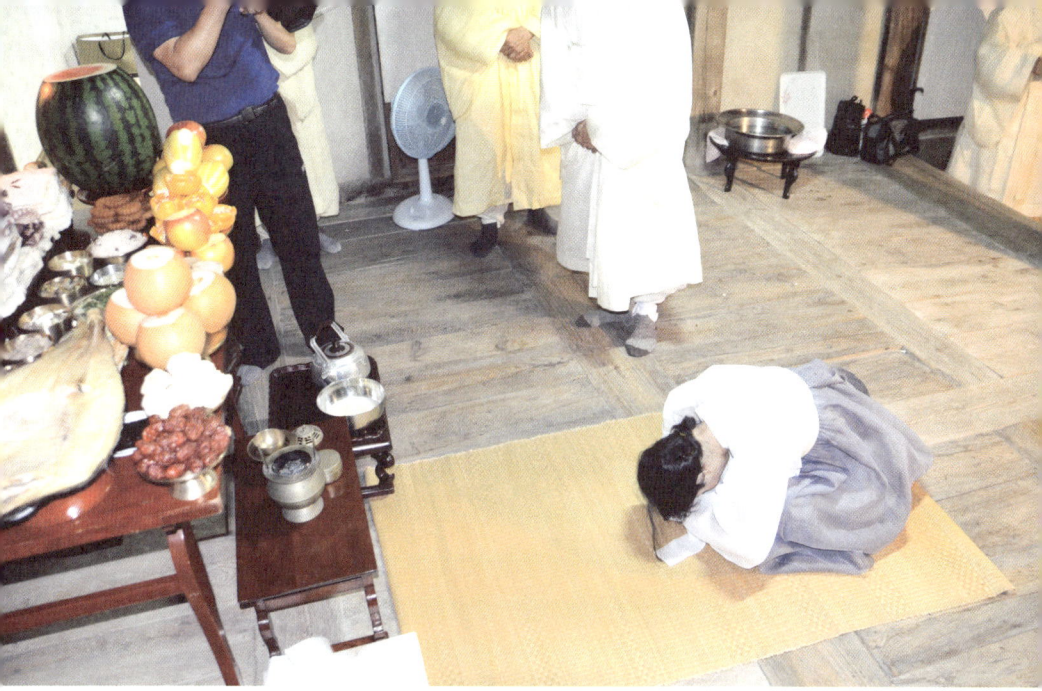

종부의 아헌

러 술잔을 비운다. 집사들이 철주撤酒할 때, 주인은 퇴주 그릇을 들고 꿇어앉아서 받는다.

(6) 아헌과 종헌

아헌은 두 번째 잔을 올리는 것이다. 호수종가에서 아헌은 종부가 하는 것을 원칙으로 한다. 종가에 따라 종부가 제청의 옆방이나 다른 장소에서 절을 하기도 하는데, 호수종가에서는 종부가 상 앞으로 나아가 헌작하고 절을 한다. 집사자가 아헌관에게 잔과 잔받침을 건네고 그 잔에 술을 채운다. 아헌관은 그것을 받아 제주하지 않고 좌집사에게 건네면, 좌집사가 신위 앞에 올린다. 이어 육적肉炙을 올리면, 종부가 네 번 절한 다음 물러나 자신의 자리로 돌아간다. 일반 기제사에서는 아헌 시 종부도 두 번 절하는 것으로 바꾸었지만 불천위 제사에서는 전통을 고수하여 네 번 절한다고 한다. 이어서 집사자들이 잔을 내리고 종헌을 준비한다.

종헌은 신에게 세 번째 잔을 올리는 것인데, 마지막으로 올리는 잔이기 때문에 종헌이라 한다. 종헌은 대체로 참사자 가운데 가장 연장자가 행한다. 호수종가에서는 종헌을 종약회 회장이 주로 맡아서 하는데, 외부에서 귀한 손님이 참사한 경우에는 외빈이 종헌을 하기도 한다고 한다. 초헌·아헌과 마찬가지로 좌우집사가 술잔과 잔받침을 종헌관에게 주고 술을 따르면 헌관이 술을 올린다. 적으로는 육적肉炙을 올린다.

종헌 때에는 제주를 한다. 즉 종헌관이 잔을 올리고 나면 좌집사가 잔을 종헌관에게 돌리고 종헌관이 이를 받아 모사기에 세 번 나누어 붓는다. 이를 좌집사에게 돌려주면 좌집사가 받아서 다시 신주 위에 올려놓는 것이다. 이어서 종헌관이 두 번 절하고 물러나 제자리로 돌아간다.

초헌과 아헌 때에는 다음의 헌작을 위해 바로 술을 퇴주기에 물리지만, 종헌의 경우에는 유식례를 위해 술잔과 적을 그대로 둔다.

(7) 유식

유식侑食은 신에게 음식을 드시도록 권하는 의식이다. 첨작添酌과 삽시정저插匙正箸로 이루어진다. 첨작은 주인이 식사를 권유하는 의미로 잔에 술을 더 채우는 것이다. 종가에 따라서 첨작용 술병을 쓰기도 하고, 첨작용 잔을 따로 마련하기도 하며, 메뚜껑에 술을 따라 잔을 채우기도 한다. 호수종가에서는 첨작용 잔에 술을 부어 첨작하고 있다. 주인이 첨작용 잔대를 들면 우집사가 주인에게 술을 따르고, 집사자가 신위 앞에 나아가 기존에 놓여 있는 잔에 세 번 나누어 술을 더하는 것이다.

삽시정저는 메에 숟가락을 꽂고 젓가락을 바로 놓는 것을 말

유식을 위해 제상 앞에 병풍을 치는 모습

한다. 호수종가에서는 집사자들이 메에 숟가락을 꽂는 것으로 삽시한다. 자루가 서쪽으로 가게 해서 숟가락을 꽂는다. 이어 젓가락을 시접에 바로 놓는다. 삽시정저를 하고 나면 주인이 두 번 절하고 물러난다.

합문闔門은 신이 안심하고 식사할 수 있게 문을 닫고 기다리는 절차이다. 제청에 문이 있는 경우에는 제관들이 문을 닫고 나가서 그 밖에서 부복하기도 하지만, 호수종가에서는 합문용 병풍을 따로 준비하여 제상을 완전히 가리고 참사자들이 부복한 자세로 대기한다고 한다. 보통 구식경九食頃이라 하여 밥을 아홉 숟가락 먹을 수 있는 정도의 시간을 대기하는데, 호수종가에서는 5분 정도가 흐른 뒤 축관의 신호에 따라 계문한다고 한다.

계문啓門은 식사가 끝났으므로 문을 열고 제청으로 들어가는 것이다. 축관이 세 번 헛기침하면 그것을 신호로 하여 모두 제청으로 들어가서 병풍을 걷는다. 이제 식사가 끝났으므로 식사 후에 숭늉을 마시는 것처럼 국을 물리고 차나 숭늉을 올리는데, 이것을 진다進茶라고 한다. 진다는 『주자가례』에 보이는 의식인데, 차가 흔했던 중국에서는 당연한 의식이었지만 차가 귀한 우리나라에서는 차를 올리기가 쉽지 않았다. 그래서 차 대신 숭늉을 만들어 올리거나, 숭늉외 외미로 물에 밥을 세 번 떠서 말고 그릇 안에 숟가락을 걸쳐 놓는 것으로 숭늉을 대신하기도 한다. 호수종가의 경우에는 맑은 물을 데워서 숭늉을 만들어 올리고,

여기에 메를 세 순가락 만다. 이후에도 숭늉을 드실 시간을 드리기 위해 2~3분 정도 몸을 굽혀 대기한다. 이어 집사자가 숟가락과 젓가락을 시접匙楪에 내려놓고 메 뚜껑을 닫는다.

공식적인 제례의 끝을 알리는 행위는 고이성告利成이다. 주인이 서향하여 서면, 축관이 동쪽을 향하여 제례가 끝났음을 알리는 의미로 '이성'이라고 고하는 것이다.

(8) 사신

사신辭神은 제사를 마치고 조상을 떠나보내는 의식이다. 주인 이하 참석자 전원이 일제히 두 번 절한다. 그리고 이어서 축문을 불사르는 분축焚祝을 행한다.

분축이 끝나면 주인은 신주에 도자韜藉를 씌우고 주독主櫝의 뚜껑을 닫은 다음, 정중히 모시고 사당으로 올라간다. 동계로 올라 중앙으로 들어가 신주를 감실에 원래대로 모셔 놓고 동문으로 나온다.

제상의 음식을 모두 치우는 것을 철찬撤饌이라고 한다. 기제에는 원래 음복이 없었으나, 지금은 제사를 마친 후 음식을 나누어 먹으며 음복한다. 그 전에는 마을 사람들과 나누어 먹기도 하고 참석자들과 음식을 나누기도 하였으나, 요즘은 제수를 많이 장만하지 않고 참석한 사람들이 음복할 정도로만 마련한다.

2. 명당 하천묘역

　　정세아 집안에는 큰 묘역이 일찍이 조성되었다. 바로 기룡산 아래 산기슭에 즐비하게 들어서 있는 무덤들이 위치한 묘역으로 하천묘역夏泉墓域으로 불린다. 영천시 자양면 성곡리 산78번지에 소재하며 면적은 약 10만 평에 달한다. 현재 정세아의 조부의 무덤을 위시하여 총 80여 기의 후손들의 무덤이 분포되어 있다. 영천댐이 조성되면서 새로 생긴 호반도로가 이 묘역의 바로 아래를 지나가고 있으며, 새로 생긴 자양면 소재지가 바로 근처에 있다. 묘역의 주변에는 크고 푸른 소나무가 잘 조성되어 있으며, 아래로는 새로 생긴 영천호가 멀리 내려다보인다. 묘역의 왼쪽 옆에는 강호정을 위시하여 영천댐으로 인해 수몰될 처지에 놓였던 정씨 문중의 여러 재실齋室이나 정자 등 문화재들이 옮겨와 자리 잡고 있다.

그런데 이곳이 정씨 문중의 대표적인 묘역으로 자리 잡게 된 데는 설화가 전하고 있다. 정세아의 조부인 정차근이 기묘사화를 피하여 영천의 중심지 근처인 대전리에서 골짜기인 자양의 노항으로 옮겨 들어와 살았다. 정세아의 부친인 정윤량이 겨우 다섯 살 때의 일이었다. 어릴 때부터 정윤량은 효성이 지극하여 주변에서 이름 대신 '정효자'로 불렸다.

그러던 중 아버지가 병석에 눕자 어린 정윤량은 먹고 자는 것조차 잊고 아버지 머리맡에서 병간호를 하며 어머니와 근심을 함께하여 정성을 다하였고, 병구완을 하는 동안 옷을 벗고 자리에 누운 일이 없었다고 한다. 이에 보는 이마다 탄복하지 않는 이가 없었다. 하지만 천명을 어찌할 수는 없어 안타깝게도 아버지가 돌아가시자 더할 수 없이 애통해 하였으며, 장례를 행함에 조금도 절차에 어긋남이 없었다고 한다.

이윽고 일견봉 아래에 묘터를 잡고 흙을 모아 몸소 체를 잡고 흙을 쳐서 돌과 나무뿌리를 가려내고 있었다. 이때 백발 노승이 지나가면서 동행한 제자에게 말하기를 "저 상주는 육덕六德을 갖춘 사람으로서 좌우에 사람들이 많이 있는데도 몸소 흙을 치고 있으니 그 정성스러운 효심으로 좋은 터를 얻을 터인데, 어찌하여 길지가 아닌 이곳에 묘터를 쓰는지 이상한 일이로다"라고 하였다. 이 말을 일꾼들로부터 전해들은 정효자는 일을 중지시키고 부리나케 그 노승을 뒤쫓았다. 십 리쯤 가서 고개를 넘으니 뜻밖에도 그 노승이 기다리고 섰다가, "상주가 올 줄 알았다. 옛말에 물건은 각각 그 주인이 있거늘 그대의 정성스러운 효성으로 능히 이 산의 주인이 되지 않겠는가"라고 하면서 앞장서서 기룡산 기슭에 와서는 지팡이로 혈을 짚어 주었다. 그러면서 "이 혈은 기룡騎龍의 좌장혈左掌穴로서 부귀를 겸하여 가운이 융성할 것이며, 힘차게 내리쏟는 기룡의 정기를 받았으니 위인이 태어날 징조라. 또 청룡과 백호가 세 겹으로 되어 있으니 손세孫勢도 아주 좋은 형상이며, 물 흐름이 보이지 않으니 부자도 날 것이오"라고 하는 것이었다. 정효자는 이 노승을 집으로 모셔다가 후히 대접할 양으로 소매를 끌었으나, 노승은 사양하면서 "소승은 신

하천묘역

묘사 집례분정

호수 선생 묘사의 초헌

령의 명을 받고 온 설학雪學이오. 다시 만날 날이 있을 것이니 오늘은 길이 바빠서 곧 가야 하오"라고 하며 기어이 떠나 버렸다. 뒤따르던 정효자가 언덕 위로 오르니 이미 노승은 어디로 갔는지 알 수가 없었다. 이에 정효자는 드디어 날을 다시 잡아 장사를 지내니, 그곳이 바로 기룡산 산록의 하천夏泉이다. 사람들이 말하기를 정효자의 지극한 효성 때문에 명당을 얻을 수가 있었다고 하였다.

　　이상이 정씨 문중에 내려오는 하천묘역과 관련된 설화의 내용이다. 정윤량의 효성이 지극한 데 감복한 신령이 설학이라는 노승을 보내 묘역을 점지해 주었다는 것이다. 정세아의 아버지 정윤량의 묘와 정세아 본인의 묘, 아들인 의번과 수번, 손자인 호례와 호의의 묘가 이곳에 있으며, 그 외 많은 후손들의 묘가 이 묘역 안에 위치해 있다. 특히 경주성전투에서 정의번과 함께 장렬하게 싸우다가 죽은 종 억수의 묘도 의번의 시총 바로 아래에 조성되어 있다.

　　원래 이 묘역은 승려를 두어 수호하다가 폐지하고, 산지기 다섯 가구를 두어 관리하게 하였다. 지금은 그것도 폐지되고 영일정씨 하천종약회가 관리를 맡고 있다. 매년 4월 셋째 일요일에 시제를 지낸다.

제5장 **종가의 건축문화**

1. 호수종택과 주변

　호수종택은 정세아의 장손인 해남현감 정호례鄭好禮가 1613년(광해군 5) 영천 대전동에 지은 집이다. 자손들의 공부를 장려하기 위해 '공工'자형으로 집을 지었다고 전하여 온다. 현재 경상북도 유형문화재 제90호로 지정되어 보호되고 있다.
　대문을 바라보고 섰을 때, 정면으로 10칸이나 되는 건물이 우뚝하게 서 있어서 우람해 보인다. 현재 종택은 대문간채·사랑채·안채·사당으로 구성되어 있다. 보통의 다른 집과는 달리 이 종택은 대문간채와 사랑채, 안채가 한 건물로 연결되어 있는 점이 특색이다. 기단은 막돌쌓기로 정면부는 지형에 맞추어 높게 구성하였다.

호수종택

호수종택

호수종택 사랑채

　대문을 중심에 두고 본다면 좌측으로 2칸의 외양간, 2칸의 사랑방, 2칸의 대청으로 크게 사랑채를 형성하고 있고, 우측으로는 곳간·창고·문간방이 이어져 있다. 3량가의 민도리집으로, 정면은 지형에 맞춘 높다란 두벌 기단 위에 막돌 초석을 놓고 네모난 기둥을 세웠다.
　안채는 5량가의 초익공집으로 정면 3칸, 측면 2칸의 6칸 안대청을 중심으로 좌측에는 전면에 반칸 툇마루를 둔 상방을 들이고, 우측에는 안방·고방·방을 연접하였다. 안방 앞쪽으로는

호수종택 안채

방과 부엌을 배치하여 문간채와 연결하였는데, 안방 우측에 이어 들인 고방과 방은 단칸으로 구성하였다. 집의 외양은 매우 질박하지만 그런 가운데서도 대청에 앞뒤로 퇴칸을 두는 등 격조를 높이는 데 애를 썼다. 옛 전통을 보여 주는 쌍창도 눈여겨볼 부분이다. 기단은 막돌쌓기로 정면부는 지형에 맞추어 높게 구성하였다.

평면도를 보지 않고는 얼른 이해되기 어려운 이런 구조는 관공서의 관해官廨나 사찰의 요사채에서 볼 수 있는데, 그것을 살림

호수종택 배치도

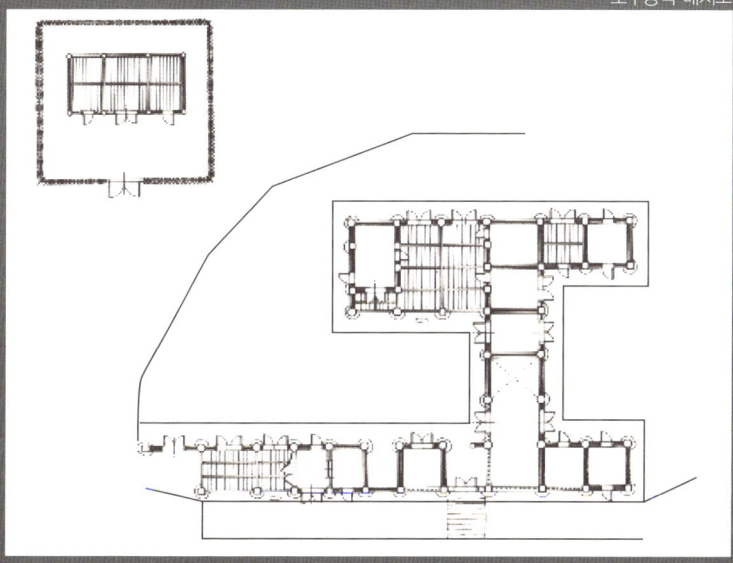

호수종택 향나무

집에 도입한 것은 대담한 생각이었다고 할 수 있다.

후원에는 수령 300년 정도 된 우람한 향나무가 먼저 눈에 들어오는데, 영천시 보호수로 지정되어 있다. 사당은 호수 선생의 불천위 위패를 모신 곳으로 본채의 왼편 뒤쪽에 있다. 독립된 낮은 담장으로 둘러싸인 정면 3칸, 측면 1칸의 3량집이다. 전체적으로 비교적 잘 지은 좋은 집이라는 평판을 듣고 있다.

호수종택과 더불어 대전동에 소재한 오래된 집으로 양계정사가 있다. 양계정사는 정세아의 손자이자 안번의 아들인 양계暘溪 정호인이 소요하던 자리에 그의 둘째 아들인 시연時衍이 1680년(숙종 5)에 건립한 정사이다. 영천 대전동의 구룡산 동쪽 기슭 언덕 위에 있다. 정호인은 문과에 급제하여 벼슬이 진주목사에 이른 인물이다. 그는 전에 양산군수로 재직 시 경차관의 무고로 벼슬을 사직하고 한때 고향에서 한가롭게 지낸 적이 있었는데, 그때 이 터에 자리를 잡고 몇 칸의 초가를 얽어 배회하고 노닐며 완상한 사실이 있었다. 보현산의 한 줄기가 남쪽을 향해 구불구불 달리다가 구룡산을 만들었는데, 그 산자락이 볕이 드는 언덕과 물에 임하고 있기 때문에 양계暘溪라고 하여 자호로 삼았다. 소나무가 숲을 이루니 바람 소리에 거문고를 연주하면 백구白鷗가 화답할 정도였고, 기암괴석이 쭉 서 있는 곳을 고헌천이 휘감아 도니 가히 세속의 먼지를 씻을 수 있는 곳이었다.

정호인이 세상을 떠난 뒤 그를 추모하는 후손들이 터를 잡고

양계정사

집을 지었다. 앞에는 주방, 가운데는 서재와 침실, 끝에는 강당을 둔 11칸의 건물로, 호화롭지도 검소하지도 않은 딱 맞는 수준이었다. 건물 모양은 '乙' 자형을 띠고 있는 특이한 구조로 당시의 양식을 따르고 있다. 그 뒤 1814년에 중건하였고, 1990년에 경상북도 민속자료 제88호로 지정되면서 다시 중수하였다.

함계 정석달이 지은 제영시에 풍광이 잘 묘사되어 있다.

작은 정자 말끔하게 서 있으니,	小亭蕭灑立
양곡은 예부터 이름난 곳이었네.	暘谷舊名區
산 가까이 아지랑이 민가에서 생겨나고,	山近嵐生戶
깊은 숲속에 바람이 누에 가득하구나.	林深風滿樓
뜰엔 기이한 바위 가득하고,	奇巖庭矗矗
들엔 유유히 강물 흐르네.	流水野悠悠
높은 뜻은 이제 어디서 찾을 수 있으랴,	高義今何見
부질없이 서성이니 공연한 근심만 이네.	徘徊空自愁

2. 강호정과 하천묘역

1) 강호정

호수 정세아 선생이 영천성과 경주성의 복성전투를 승리로 이끈 다음 모든 전공을 사양하고 1599년(선조 32) 자호紫湖의 언덕에 지은 정자이다. 원래 이름은 자호정사紫湖精舍였다. 자신의 호를 여기에서 따서 호숫가의 늙은이란 뜻으로 호수湖叟라고 한 듯하다. 이곳에서 여러 학자들과 학문을 논하면서 말년을 유유자적하게 보냈다. 그는 그때의 심정을 다음과 같은 시로 남겼다.

웅지로 적장의 목 벨 것을 기필했건만,

강호정

쇠잔해진 몸에 문득 귀밑머리 희어져 놀라네.
긴 끈이 있었지만 종군[1]의 청 못 이루고,
힘없이 두보의 수심을 부질없이 생각하네.
노쇠하여 병드니 어찌 환로에 치달리겠는가?
한가로이 물러나 맑은 시냇물 완상함이 마땅하리.
흰 갈매기도 이 강호의 늙은이를 싫어하지 않으니,
이제부터 청안[2]으로 죽을 때까지 쉬리라.
壯志期梟賊將頭　殘骸驚却鬢邊秋
有纓未遂終軍請　無力空懷杜老愁

衰病豈宜馳世路　　退閒端合玩淸流
白鷗不厭江湖叟　　靑眼從今至死休

그 후 자호정사는 세월의 무게를 이기지 못하고 기울어지고 허물어졌다. 1790년 그 터에 후손들이 정자를 중건하고 이름을 강호정으로 고쳤다. 정면 3칸, 측면 2칸의 홑처마 맞배지붕의 3량 건물이다. 중앙 대청과 전면 툇간은 누마루 형태이고 좌우 양쪽에 방을 배치하였다.

원래는 자양면 용산동에 있었으나 영천댐으로 인해 수몰될 위기에 처하여 1977년에 성곡리 산78번지 하천묘역 옆으로 이전하여 복원하였다. 경상북도 유형문화재 제71호이다.

자호정사라는 편액과 호수 선생의 원운을 비롯하여 창석 이준의 시 등 시액 15점이 대청 위에 걸려 있다. 호수 선생의 시는 당시 선생의 심경을 잘 나타내 주고 있다.

온 산에 둘러싸인 한 시냇가에,	萬山環抱一溪頭
두어가지 솔처마는 여름에도 가을 같네.	數架松簷夏似秋
사물을 바라보며 한가로이 시 읊조리니,	觀物愛吟閑裡句
취중에도 어렵던 날의 근심 잊기 어렵네.	傷時難遣醉中愁
초초한 생애는 구름 따라 처량하고,	生涯草草隨雲冷
가벼운 이 한 몸은 물 따라 흐르네.	鄙吝輕輕逐水流

정세아의 시 편액

| 나물밥만이 오직 내 배를 채워 주리니, | 蔬食只能供我飽 |
| 다시는 공명 생각지 않고 자연에 맡기리. | 更無思慮任浮休 |

훗날 호수 선생이 돌아가신 후에 창석蒼石 이준李埈이 자호정사를 찾아왔다가 시 한 수를 남기고 떠나갔다. 사람 떠난 세상의 쓸쓸함이 잘 묻어나 있다. 서애 류성룡의 제자인 이준은 상주 사람으로 문과에 급제한 후 벼슬이 부제학에 이른 인물이다.

| 정 노인 노닐던 곳에, | 鄭老逍遙地 |

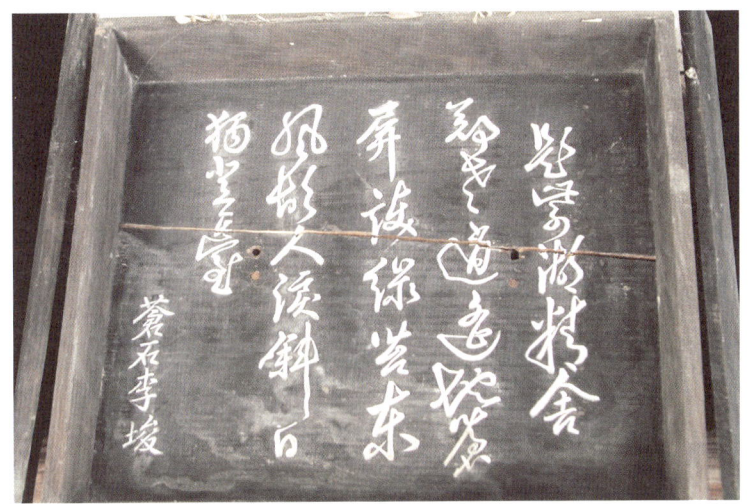

이준의 시 편액

푸른 절벽에 파란 이끼 끼었도다.　　　　　　　蒼屏護綠苔
동풍은 옛 사람의 눈물인가.　　　　　　　　　　東風故人淚
해거름에 홀로 대에 올랐도다.　　　　　　　　　斜日獨登臺

다시 또 세월이 흐른 뒤 5대손인 매산 정중기는 할아버지와 이준을 생각하며 다음과 같은 차운시를 엎드려 남겼다.

임대林臺는 쓸쓸하게 호수머리 눌렀는데,
은둔처 소요한 지 몇 년이나 되었는고.

세상의 태평은 일찍이 즐거운 성정을 온전히 하고,
나라의 위란은 끝내 사모하는 임금의 근심을 품게 하네.
구름은 한가롭게 끼고 걷히며 푸른 고동 그림자 만들고,
밝은 달 뜨고 지는 가운데 푸른 옥이 흐르도다.
창석 노인 남긴 시를 세 번이나 읽어 보니,
못난 자손 감모함이 그침이 없게 되네.

林臺蕭灑壓湖頭　杖屨逍遙閱幾秋
世泰早全頤性樂　國危終抱戀君愁
閒雲舒券靑螺影　明月沈浮碧玉流
石老遺詩空三復　孱孫感慕未曾休

2) 하천재와 호수 선생 신도비

하천재夏泉齋는 영일정씨 문중의 묘소를 수호하기 위하여 1637년(인조 15)에 진주목사 정호인이 건립한 것이다. 현재의 건물은 후대에 중건한 것으로 보인다. 1976년 영천댐이 건설되면서 수몰될 위기에 처하여 현 위치인 산 위쪽으로 이건하였다. 현 주소는 영천시 자양면 성곡리 산78번지이다. 경상북도 유형문화재 제73호로 보호받고 있다.

중심 건물은 추원당追遠堂인데, 정면 4칸, 측면 1칸의 맞배지붕으로 구성된 단순하고도 소박한 건물이다. 추원당 맞은편에

하천재 추원당

측면에서 본 추원당

신도비각 오르는 길

정면 3칸의 건물과 좌우 부속채가 있어 전체적으로 'ㅁ'자형을 이루고 있다. 하천재 뒤쪽으로 나 있는 가파른 계단을 오르면 1760년(영조 36)에 후손인 형조참의 매산 정중기 등이 건립한 신도비가 비각 안에 들어 있다. 비는 높이 180cm, 폭 70cm, 두께 25cm이다. 비문은 영의정 조현명이 찬한 것이다.

3) 삼휴고택과 삼휴정, 그리고 오회당

삼휴고택은 1620년(광해군 12) 정세아의 넷째 아들 수번의 3자인 삼휴정 정호신이 분가하여 살기 위해 지은 주택이다. 정면 5칸, 측면 1칸의 규모이다. 사당은 1655년(효종 6)에 세워졌는데, 정면 3칸, 측면 1칸의 맞배지붕의 구조이다. 오회공종택이라고도 부른다. 원래는 자양면 삼귀리 583번지에 세워져 있었으나 영천댐 건설로 인해 현재 위치인 자양면 성곡리 산78-8번지로 이건되었다. 수몰 전까지는 주손이 대를 이어 살던 집이었다. 경상북도 유형문화재 제72호이다.

삼휴정은 정호신이 학문연구와 학자들과의 교유를 위해 1635년(인조 13)에 지은 정자이다. 조부인 호수공이 살았던 곳에 정자를 짓고 그 풍경을 바라보면서 '산휴'란 시를 지은 바 있었는데, 이로 인해 삼휴정이란 당호가 생겼고, 자신의 호로 삼았다. 삼휴정은 소박한 구조의 건물로 전면에만 난간이 시설되어 있

삼휴정

삼휴정사 편액

다. 정면 4칸, 측면 1.5칸, 홑처마에 팔작지붕의 구조를 하고 있다. 양쪽에 각 한 칸 방을 배치하였고, 중앙의 대청은 2칸으로 꾸몄다. 역시 영천댐 건설로 고택과 함께 이건되었다. 경상북도 유형문화재 제75호이다.

당내에 걸려 있는 삼휴정사三休亭詞에는 삼휴의 의미를 다음과 같이 제시하고 있다.

> 꽃피는 좋은 때에 꽃을 보고 즐기다가 꽃이 지면 다음 꽃 필 때까지 기다리고,
> 밝고 좋은 밤하늘의 달과 함께 즐기다가 그 달이 기울면 다시 달 뜰 때까지 기다리고,
> 한가한 가운데 술을 얻어 즐기다가 그 술이 다하면 다음 술 생길 때까지 기다리노라.
> 芳辰賞花花落則休　良宵對月月傾則休
> 閒中得酒酒盡則休

그리고 이에 이어 멋진 해설을 다음과 같이 덧붙여 놓았다.

한가롭게 쉬는 가운데는 또한 자체적으로 동정의 기미가 있다. 꽃이 있어 감상하고, 달이 있어 완상하며, 술이 있어 마시는 것은 한가로움 가운데 동적인 것이다. 꽃이 지면 쉬고, 달이

기울면 쉬며, 술이 다하면 쉬는 것은 한가로움 가운데 정적인 것이다. 동動이란 항상 동적이지는 못하고 정적이기도 하며, 정靜도 항상 정적이지는 못하고 동적이기도 하다.

정말 멋진 의미 부여가 아닐 수 없다. 가슴에 와 닿는 생활 속의 철학공부이다. 선인들의 운치가 느껴지는가?

오회당은 1727년(영조 3) 정호신의 맏손자인 오회당 정석현이 그 동생인 석함·석겸·석승·석림 등과 함께 공부하고 학문을 강마하던 곳에 그를 추모하기 위해 세운 건물로, 관찰사 권대규가 후원하였다. 정면 4칸, 측면 1칸의 홑처마 맞배지붕으로 되어

오회당

있다. 오른쪽 2칸이 대청이고, 왼쪽 2칸이 방으로 꾸며진 평범한 유형이지만 맞배지붕 좌우에 눈썹지붕을 달아낸 것이 특징이다. 이는 풍우로 인한 건물 측면의 훼손방지 목적으로부터 고안된 것으로, 주목할 만한 구조라고 생각된다. 건물의 전면에는 쪽마루가 설치되어 있는데 방 쪽을 대청 쪽보다 한 단 높게 하여 구별하고 있다. 역시 영천댐 건설로 인해 귀미에서 위의 건물들과 함께 이곳으로 이건되었다. 경상북도 유형문화재 제76호이다.

당을 오회라고 명명한 것은 '형제공회兄弟孔懷', 즉 형제는 깊게 그리워해야 한다는 『시경』에 나오는 말을 취하여 5형제가 한 집에서 우애 있게 거처하려는 뜻에서 나온 것이다. 대청 위에는 오회당서五懷堂序와 다섯 형제가 각각 지은 시가 나란히 걸려 있어 의미를 더하고 있다.

4) 사의당

정세아의 5대손이자 호신의 증손인 중호·중기·중범·중락 4형제가 1726년(영조 2) 우애를 돈독히 하고 학문연구와 후진양성을 위해 삼귀리에 건립한 건물이다. 당호는 『시경詩經』「소아小雅」 육소蓼蕭에 나오는 구절인 "형에게도 마땅하고, 아우에게도 마땅한지라 훌륭한 덕으로 장수하고 즐거우리라"(宜兄宜弟, 令德壽豈)라는 문구에서 취하였다고 한다. 네 형제가 서로 공경하며 우애를 다하기 위한 바람을 담은 것이었다.
 조상옥曺相玉이 쓴 「사의당기」에는 그 바람을 다음과 같이 풀어서 설명해 두고 있다.

> 형제가 한 방에서 자리를 같이하며 마땅히 누울 만하면 같이 눕고, 마땅히 이야기할 만하면 같이 이야기합니다. 형이 질나 발로 선창하고 동생이 젓대로 화답하면, 이는 형제들이 마땅 함을 얻은 것을 즐기는 것입니다. 형은 오로지 동생에게 우애 하고, 동생은 오로지 형을 공경한다면, 이는 형제들이 마땅함

사의당

을 얻었음에 처하는 것입니다.

    1826년(순조 2)에 건물이 쇠락하여 용산리로 옮겨 지었다가 1976년 영천댐 건설로 인해 이곳으로 이건하였다. 정면 5칸, 측면 1칸의 홑처마 맞배지붕의 단출한 건물이다. 대들보에는 동자주형의 대공을 세운 것이 특이하다. 뒷벽 쪽에는 띠살의 분합을 창으로 내었으며, 앞쪽 측면 벽에는 바라지창을 내었다. 경상북도 유형문화재 제74호이다.

3. 선원리와 매곡리

1) 선원리의 고가

　조선 인조 대에 벼슬에서 물러나서 처음으로 이 마을에 입향한 정호례가 도연명의 무릉도원에 비유해서 마을 이름을 선원仙源이라고 했다고 전한다. 마을 뒤 학산鶴山이 병풍처럼 둘러싸고 있고, 마을 동쪽과 남쪽으로 자호천이 흐르고 있다. 마을은 '백학포란형白鶴抱卵形'으로 흰 학이 알을 품고 있는 길지라고 한다.
　마을 오른쪽 언덕에는 문화재자료 제230호인 함계정사涵溪精舍가 자리 잡고 있다. 앞에는 함계라고 명명된 작은 시내가 흐르고 있다. 함계라 함은 '본원을 함양한다'는 의미와 '의리에 흠뻑

함계정사

젖는다'는 의미에서 취한 것이다. 빼어나게 아름다우면서도 상쾌하게 탁 트인 곳에 있어 주변을 조망하기에도 적합한 곳이다.

원래 이 자리에는 정세아의 현손이자 정호례의 손자인 함계 정석달이 1702년(숙종 28)에 강학처로 삼기 위해 세운 조그만 안락재安樂齋가 있었다. 정석달은 본래 세 칸 집을 지어 중당을 양심養心으로 명명하고, 또 양 협을 방으로 삼은 후 오른쪽 방은 정존靜存이라 명명하여 조용히 쉬는 장소로 삼고, 왼쪽 방은 동찰動察이라 명명하여 서책을 갈무리하고 손님을 접대하는 장소로 삼고자 하였다고 한다. 그러나 여러 가지 일로 인해 꿈을 이루지 못하고 단지 작은 재를 하나 짓고 그곳에 거처하다가 세상을 떠나고 말았던 것이다. 그 뒤 손자인 일찬一鑽이 1779년(정조 3)에 조부의 뜻에 따라 중건하여 당호를 함계정사라 명명하였다. 경상북도 문화재자료 제230호이다. 정석달은 갈암 이현일의 문인으로 학문을 탐구하여 인품과 덕망이 높았으며, 병와 이형상과도 학문을 강론한 성리학자였다. 『가례혹문家禮或問』과 문집이 남아 있다.

현재 당내에는 양심당養心堂·동찰협動察夾·정존협靜存夾 등의 현판과 「함계정사기」 등의 기문 및 여러 수의 제영시가 걸려 있다. 그중 정석달이 지은 「함계잡영涵溪雜詠」은 그가 꿈꾸며 계획하였던 함계정사와 그 앞을 흐르는 함계에 대한 4수의 시이다.

먼저 함계에 대해서는 다음과 같이 표현하였다.

계곡의 물이 거울 같이 맑고,	溪水明如鏡
깊은 물 흐르지 않는 듯 조용하네.	涵泓靜不流
이 마음 참으로 언약한 것이 있으니,	此心眞有契
단정히 일생을 쉬고저 하노라.	端合一生休

그리고 양심당에 대해서는 다음과 같이 읊으면서 공부의 각오를 다진 바 있다.

내가 양심법을 살펴보니,	吾看養心法
동과 정의 때를 겸하려고 해야 하네.	妥兼動靜時
여기에서 능히 두 가지 다 이룰 것이니,	於焉能兩至
그 공효는 정히 끝이 없으리.	功效致無涯

이 마을에서 함계정사와 함께 단연 돋보이는 집은 마을 안쪽에 자리 잡은 연정고택蓮亭古宅이다. 대한민국 중요민속자료 제107호로 지정되어 보호되고 있다. 이 고택이 위치한 곳은 조용하면서도 시원하게 트여 있고 넓적하면서도 그윽하게 깊어, 기가 감추어진 듯하지만 세지는 않고, 형세는 비록 막혔으나 포용함이 있는 별천지와 같은 곳이다.

연정고택은 1725년(영조 1)경에 정석달의 손자인 일룡一鏞이 건축한 것으로, 크게 보면 본채와 정자로 구성되어 있다. 본채는 사랑채와 문간채가 일자형으로 합쳐져 있고, 중문을 들어서면 정면으로 안채와 좌우로 곳간채가 배치되어 전체적으로 'ㅁ'자형 평면을 이루고 있다. 안채는 네모기둥과 납도리로 결구한 3량집이다. 사랑채 바깥쪽 넓은 마당에는 원래 독립된 몇 칸의 행랑채가 있었다고 하나 지금은 흔적을 찾기 어렵다. 다만 입구 쪽에 우물 하나가 지금도 있는데, 마르지 않고 물맛이 좋아 전에는 동네 사람들이 모두 이용하였다고 한다.

계곡물을 막아 만든 연당이 집 앞에 있는데, 그 옆에 세운 정

연정고택의 연정

자인 연정에서 고택의 이름이 유래하였다. 계곡물을 끌어들여 연못을 만들었는데, 가뭄에도 물이 흘러 못을 가득 채웠다고 한다. 연못의 연꽃은 저절로 생겨 자라났다는 말이 전하고 있다. 풍수지리적으로 연정은 백학의 머리에 해당하는데, 연정 앞에 연못을 만든 것은 백학이 목을 축일 수 있도록 하기 위함이었다고 한다. 연정을 노래한 다음과 같은 시의 한 구절은 그 아름다움을 적확하게 잘 묘사해서 우리에게 전해 주고 있다.

원천의 물은 활수로 인하여 깊은 연못 만드니,
골짜기 닫히고 구름 한가로워 별동천을 이루네.
源因活水深善地　谷鎖閒雲別有天

전체적으로 연정고택은 고풍스러운 분위기가 잘 보존되어 있어 현재도 영화나 드라마의 촬영지로 자주 이용되고 있다.

이 선원마을은 최근까지도 선조의 유훈을 받들어 400여 년을 이어온 모범적인 마을로 칭송받고 있다. 특히 2009년 대한민국 농촌진흥청에서 선정한 전국의 농촌마을 중 '살고 싶고 가고 싶은 농촌마을 전국 100선'에 들기도 하였다.

이곳에서 조금 떨어진 곳인 대환마을에 세덕사世德祠와 충효각이 있다. 경상북도 민속자료 제87호로 보호되고 있다. 1720년(숙종 46) 자제들을 공부시키기 위해 문중에서 세운 서재 뒤편에

연정고택

1777년(정조 1) 호수 선생과 장남 정의번의 충절을 기리기 위해 세덕사를 지어 향사하기 시작하였다. 그 후 1868년 고종 대의 서원철폐령으로 대부분의 건물들이 철거되고 부속건물인 추원당과 고직사만 남게 되었다. 2008년에 사당을 복원·중건하였고, 이어 2010년에는 강당을 준공하였다.

사당 왼쪽 한편에는 정의번을 기리는 충효각이 있다. 충효각은 임진왜란 경주성 복성전투에서 아버지를 구하고 장렬히 전사한 정의번에 대해 1784년(정조 8)에 조정에서 정려가 내려와 그를 기리기 위해 세운 것이다. 충효각 안에는 '충신효자좌승지정

충효각 정려

의번지문忠臣孝子左承旨鄭宜藩之門'이라 쓴 현판이 모셔져 있다.

세덕사 옆에는 충이당忠怡堂이라는 아담한 집이 있다. 이 건물은 근래에 정의번과 호례 부자를 추모하기 위해 지은 재실이다. 세 칸 집으로 좌우로 방 두 칸을 두고, 중간에 대청 한 칸을 두었다. 세 칸에 모두 툇마루를 두었다. 충이당의 충忠은 신하의 도리를 가리키고, 이怡는 자식의 도리를 가리킨다.

그 앞쪽에는 환고정사環皐精舍가 있다. 정일진과 정하준 부자를 추모하여 그 후손들이 1905년에 대환마을의 언덕 위에 건립한 것이다. 정면 3칸, 측면 2.5칸의 'ㄱ'자형 평면을 가진 팔작지붕의 집이다. 정일진은 집안의 정중기와 정만양·규양 형제에게 학문을 배운 인물이다.

2) 매곡리의 고가

매산고택은 조선 숙종 때의 성리학자인 함계 정석달의 장남으로 영조 대에 형조참의를 지낸 매산梅山 정중기鄭重器(1685~1757)가 원래 살던 선원리에 천연두가 만연하자 산골짜기 깊숙한 곳에 터를 잡아 지은 고택이다. 이를 그의 둘째 아들 일찬이 규모를 크게 확장하여 건립한 것이 현재의 종택이다. 이 고택은 '매화낙지형梅花落地形'으로 매화 가지를 드리운 형국이라고 하는 임고면 삼매리 매곡마을에 위치해 있다. 뒷산이 매화 가지이고, 집은 매화꽃, 앞산은 매화를 찾아드는 나비라고 한다. 대한민국 중요민속자료 제24호로 지정되어 보호되고 있다.

정중기는 정만양鄭萬陽·정규양鄭葵陽 형제 및 이형상李衡祥의 문인으로 경사에 통달하고 전고典故와 예제禮制에 밝았다고 한다. 1715년(숙종 41) 31세 때 생원시에 합격하였고, 1727년(영조 3) 43세 때 증광문과에 급제하였다. 1731년 승정원주서를 거쳐 결성현감結城縣監으로 재임 시에 이도吏道를 바로잡고 여씨향약呂氏鄕約에 의거하여 향속의 순화에 노력하였다. 1733년(영조 9) 직장으로 있으면서 이인좌李麟佐의 난 이후 조정에서 영남인사를 정권에서 소외시키자 연명상소를 하여 그 시정을 진정한 바 있다. 후에 사간원정언과 사헌부지평을 거쳐 형조참의에 이르렀다. 호수 정세아의 추숭 작업에도 큰 역할을 하였다. 저서로 『매산집』이 있고, 편저로는 『포은속집圃隱續集』·『가례집요家禮輯要』·『주서절요집해朱書節要集解』가 있다.

매산고택 건물은 대문간채, 정침, 사당, 산수정으로 구성되어 있으며, 예전에는 방앗간채, 아랫사랑채도 있었다. 3칸의 솟을대문을 들어서면 약 1.5m 높이의 기단 위에 본채가 있다. 본채는 전형적인 'ㅁ'자형 평면을 이루고 있다. 이 가옥은 북부지방의 뜰집형으로서 안대청을 훤칠하게 한 것과 사랑채에 누마루를 구성한 것이 특징이다. 5칸의 건물 오른쪽 앞으로 사랑채와 누마루를 사랑방과 직각이 되도록 이루어 덧붙인 형식이 매우 독특하

매산고택

산수정

산수정 옆면

다. 양쪽 온돌방은 앞쪽과 뒤쪽에 툇마루를 두었고 가운데 청과 연접되어 정의 앞면에서 옆면으로 꺾어 난간을 만들었다.

  매산고택에서 300m 정도 떨어진 서북쪽 산골짜기 암벽 위에는 정중기가 67세 때 지은 산수정山水亭이라는 3칸의 정자가 있어 매산고택과 한 세트를 이루고 있다. 이 정자는 정중기가 벼슬에서 물러나 조용히 강학하던 곳이다. 주자의 뜻을 취하여 산수정이라 하였다고 한다. 현재 당내에는 매곡정사, 지급재, 인수재 등의 현판이 걸려 있다. 정중기 자신이 지은 제영시는 산수정 주변의 풍광과 자신의 인생관을 잘 나타내 주고 있다. 산수정에 올라 주변을 보면서 음미해 볼 만하다.

운림엔 오랜 맹약이 있었기에,	自是雲林有宿盟
층계의 높은 곳에 띳집을 지었네.	層臺高處結茅楹
청산은 우뚝하니 천년의 색이요,	青山屹立千年色
벽간의 긴 시냇물은 만 리의 소리로다.	碧磵長流萬里聲
모양을 보아 감히 인지의 오묘함을 살폈고,	觀象敢窺仁智妙
집을 열어 산수의 정을 매우 사랑하였네.	開軒偏愛峙流情
세간의 영리는 내 원함 아니니,	世間榮利非吾願
남긴 책 즐겁게 안고 이내 인생 마치리라.	好把殘篇了此生

4. 횡계리와 충효리

1) 횡계리의 고가

　옥간정玉磵亭은 훈수 정만양과 지수 정규양 형제가 학문을 연구하고 후학을 양성하기 위해 1716년(숙종 42)에 지은 정자이다. 경상북도 유형문화재 제270호로 지정되었다. 이 정자는 횡계의 계곡 바닥의 땅의 높낮이를 있는 그대로 이용하여 전면은 다락집, 뒤쪽은 아담한 단층집으로 꾸민 것이 특징이다. 좌협칸 뒷면으로 2칸 온돌방과 서재 1칸을 두어 전체적으로 'ㄱ'자형의 평면을 이루고 있다. 자연 환경에 순응한 독특한 평면 구성과 창호 수법 등이 특징적인 건물이다. 현재 당내에는 성재誠齋 · 정재定齋

옥간정

등의 현판과 다양한 형식의 제영시가 걸려 있다.

옥간정은 횡계구곡 중 제4곡에 해당하는데, 계곡이 굽어 돌다가 만든 영과담盈科潭 가에 세워졌다. 주변에 격진병隔塵屏 · 광풍대光風臺 · 지어대知魚臺 · 제월대霽月臺 등 이름만으로도 범상치 않은 여러 바위들이 계곡물과 어우러져 풍광이 매우 그럴듯하게 빼어나다. 주변은 복숭아나무, 버드나무, 소나무, 박달나무, 석류나무, 감나무, 대추나무, 배나무, 창포, 국화와 같은 많은 꽃과 나무로 둘러싸여 있다.

옥간정에서 바라보는 경치는 아침저녁으로 다르고, 계절별로 서로 달라 모두 10가지 풍광으로 정리할 수 있다.

    봄: 양쪽 언덕에 복숭아꽃 활짝 피어 붉디붉고 희디희네.
    여름: 녹음이 푸르기가 바다와 같은데, 꾀꼬리가 아래위로 오르내리네.
    가을: 곳곳마다 물든 단풍 숲은 쌓아 놓은 비단에 수를 겹쳐 놓은 듯하네.
    겨울: 계곡 시냇물가의 차가운 소나무는 울창하게 푸름을 머금고 있네.
    아침: 아침 늦게 묵은 안개가 걷히지 않고 있네.
    낮: 찾는 나그네 드물 때면, 낚시를 하기도 하고 거문고를 가지고 뗏목을 타기도 한다네.

해질녘: 화산에 해 저무니 아지랑이도 흐릿해 지네.
밤: 앞 못에 달빛 내리니 금이 번쩍이는 듯하네.
비 올 때: 산에 한차례 비가 내리니, 개울 물소리 화난 듯 우렁
차네.
눈 올 때: 아름다운 옥빛 숲속은 영롱하여 가히 사랑할 만하네.

두 형제는 이렇게 좋은 곳을 사랑하여 정자를 짓고 그 즐거움을 다음과 같이 표현하면서 기문을 마무리하고 있다.

우리가 거처하는 곳은 모두 산수간이다. 10가지의 경치가 같지 않고 즐거움이 또한 무궁하니, 이 즐거움이 산 때문인가, 물 때문인가? 아니면 산도 아니고 물도 아닌데 스스로 그 즐거움을 즐기기 때문인가?

이 책을 읽는 이들은 두 형제의 즐거움이 무엇 때문이라고 생각하는가? 두 선생의 범상치 않은 내공이 느껴지는가? 혹 머리가 시원해지면서 막혔던 가슴이 뻥 뚫리는 느낌이 드는 사람이라면 두 형제가 한 수씩 사이좋게 남긴 아래의 제영시를 마저 감상해 보는 것도 좋겠다.

본래 길게 세상을 떠나 피하는 것을 배우려는 것은 아니고,

우연히 맑은 시냇가에 터를 잡으니 마치 인연이 있는 듯하네.
꽃과 나무들이 뜰에 있으면서 피고 지며,
바람과 구름이 모든 골짜기에서 말고 피네.
산중의 형형색색은 모두 내가 즐기는 일이니,
정자 밖에서 유유자적하게 지내니 별천지 사람이네.
한가하게 만년에 여기에 왔지만 부족한 것이 없으니,
다만 형제 둘이 나란히 누워 남은 봄을 보내네.

本非長往學逃塵　偶伏清溪若有因
花木一庭開落處　風雲萬壑卷舒辰
山中色色皆吾事　齋外悠悠是別人
閒捧晚來無不足　直須雙臥送餘春

한줄기 물이 맑고 깊어 티끌을 허락하지 않으니,
소연한 띳집을 석대 위에 지었네.
꽃이 피고 잎이 떨어짐은 산중의 책력이고,
흰 달과 성긴 바람은 술 취한 뒤 경치라네.
아무 일 없을 때 거문고를 타니 속세의 운치가 아니고,
때때로 낚시질하니 어부와 비슷하네.
가시나무 그늘 좋은 곳에 소나무 문을 닫고서,
함께 시서를 읽으며 늦은 봄을 보내네.

一帶澄泓不許塵　瀟然茅屋石臺因

開花落葉山中曆　　皓月疎風醉後辰
無事彈琴非俗韻　　有時垂釣似漁人
荊陰好處松門掩　　共把詩書送晩春

　　횡계서당은 1701년(숙종 27)에 정만양·규양 형제가 후학을 양성하기 위해 대전리에서 횡계리로 이거하여 세운 서당이다. 현재 건물은 1927년에 후손들에 의해 만들어졌다. 횡계서당 앞 계곡의 절벽 위에 두 형제가 정자를 지어 태고와 太古窩라고 이름하였다. 횡계구곡의 제3곡에 해당되는 곳이다. 이름을 태고라고 한 것은 옛사람의 질박함을 따르고자 함이었다. 몸은 오늘날 사

횡계서당

모고헌

람이되 마음은 태고의 사람을 본받으려 하고, 말과 모습도 어눌하고 협수룩한 것이 태고 사람과 같이 꾸밈이 없이 질박하고자 한 것이다.

그 뒤 1730년(영조 6)에 문인들이 개축하여 이름을 모고헌慕古軒으로 바꾸었다. 정면 3칸, 측면 3칸의 2층 누각형 팔작지붕의 기와집으로, 가운데 방에만 온돌방을 설치하고, 온돌방의 주위에는 모두 마루를 둔 매우 특이한 평면구조를 하고 있다. 모고헌은 경상북도 유형문화재 제271호로 지정되었다.

2) 충효리의 고가

충효리는 1905년 을사늑약이 맺어진 후 의병을 일으킨 산남의진의 대장 정환직·용기 부자의 저택과 서당이 있던 곳이다. 1907년 의병을 미워한 일본군에 의한 방화로 집은 소실되었다. 그 후 1923년에 두 부자의 충효정신을 추모하는 의미에서 동네 이름을 검단동에서 충효동으로 고치고, 검계서당이 있던 터에 복원한 것이 충효재이다. 그때는 일제강점기였기 때문에 서당을 짓는다는 구실로 건물을 지을 수 있었다. 정면 3칸, 측면 2칸의 홑처마 팔작지붕의 건물로 주위에는 난간을 돌려 운치를 더하였다. 1987년에 보수 정화하였다. 충효재 마당 왼쪽에는 정환직이 고종황제로부터 의병을 일으키라는 밀지를 받은 사실을 기려

1988년에 세운 고종황제밀조비高宗皇帝密詔碑가 서 있다. 대문 앞 오른쪽에는 1987년 국비를 들여 보수를 마친 뒤 1988년에 세운 사적비가 있다. 충효재는 경상북도 기념물 제81호로 지정되어 있다. 현재 대대적인 수리를 하고 있는 중이다.

손후익은 「충효재기忠孝齋記」에서 정환직·용기 부자의 충의를 선조인 정세아·의번 부자의 충효와 비교하면서 다음과 같이 쓰고 있다.

> 한 아버지는 죽지 않고 한 아버지는 죽은 것은 진실로 나라의 흥망에 다른 발자취를 남긴 것이다. 또 한 아들은 죽어 아버지의 생명을 구하고, 한 아들은 죽어 아버지를 죽게 한 것은 또한 나라의 존망에 같은 마음을 남긴 것이다. 그러므로 이들이 한 행위가 같은 것으로, 이른바 '의義를 다해 인仁에 이르게 한 것'이라고 할 수 있다.

결국 나라가 있고 집안이 있는 사람으로 충과 효를 하고자 하는 사람은 모두 영일정씨에게서 모범을 취할 것이라는 칭송의 말로 마감하고 있다.

충효재 정문

주

1) 終軍: 한나라 제남 사람으로 사신을 받들어 남월왕을 유세하러 감에 긴 끈을 청하여 반드시 남월왕의 목을 매어 바치겠다고 한 사람.
2) 靑眼: 위나라 죽림칠현의 한 사람인 阮籍이 죽을 때까지 좋은 사람만 사귀겠다는 뜻으로 쓴 말.

제6장 종손과 종부의 삶

1. 사는 이야기

　　호수종가는 임진왜란 당시 의병장이었던 정세아를 불천위로 모시고 있다. 현재 15대 종부 민옥기(75세)가 종택을 지키며 바로 옆 살림집에서 살고 있다. 16대 종손 정현목(49세)과 종부 김윤희(49세)는 대구에서 살며 자주 왕래하고 있다. 정현목은 대구의 계명대를 졸업하고 1987년 학군장교(ROTC)로 임관하여 소위로 육군에 복무를 시작하였다. 육군 제1사단 작전과장, 영남대 학군단 훈육관을 거쳐 제2작전사령부 작전장교로 근무하다가 소령으로 예편하였다. 현재는 경주에 있는 서라벌대학의 교수로 재직 중이다.

　　정현목은 4형제 중 장남이다. 그의 아버지가 1990년에 작고

호수공의 15대 종손 내외

하셨으니, 종손 노릇을 벌써 20년 이상 하고 있는 셈이다. 그는 불천위 조상의 충의忠義정신을 소중히 생각하며, 종가를 지키고 조상의 업적을 기리는 일에 관심을 가지고 있다.

평생 고향을 지키며 농사를 지은 아버지는 종손으로서의 책임감이 상당히 강하였다고 한다. 종손의 기억 속에 아버지는 다음과 같은 모습으로 남아 있었다.

인품이 참 고요하고 남에게 싫은 소리 안 하고, 흔히 하는 말로 법 없어도 살 사람이라는 평가를 주변 사람에게서 많이 받으셨지요. 오직 농사를 짓고 살았지만 제사나 묘사 이런 쪽에는 굉장히 철두철미하셨어요. 농사짓다가도 우리 문중의 제사는 말할 것도 없고 다른 지역의 다른 문중의 큰 제사에도 꼭 가셨어요. 옛날에는 거의 걸어 다니거나, 비포장도로를 달리던 버스 같은 것을 타고 다니셨어요. 그래서 항상 아버지 하면 떠오르는 모습이 두루막 차림에 옆에 도포를 들고 다니시던 그런 기억이 많이 납니다.

정현목의 어머니 노종부는 청송군 안덕면 여흥민씨 집성촌에서 시집을 왔다. 그 당시 종가는 형편이 매우 어려웠다. 거기다가 시집온 뒤 집안 어른들의 상이 계속 이어져 매우 힘든 시기를 겪었다. 그러나 그 어머니는 종부로서 가난한 종가 살림을 꾸리면서도 제사를 모시고 손님을 접대하는 데 정성을 들였다고 한다.

어머니가 시집올 때 당시에는 진짜로 우리 집안은 지지리 못 사는 집안이었는 데다 집안 어른들이 연이어 돌아가시는 바람에 삼년상 치르고 또 삼년상 치르면서 어렵게 사셨지요. 없는 집에 시집와서 종부로서 집안 살림 일으키려고 무던히 고생하셨지요. 그래도 우리 할머니 증조할머니 세대에는 종부는 가만히 앉아 있고 일은 종들이 다 했습니다. 옛날에는 머슴 종 1년에 세경 주고 부리고 다 했거든요. 그런데 우리 어머니 시대

15대 노종부가 사는 종택 마당 아래의 살림집

에는 더 이상 종부라고 해서 앉아서 '이거 해라 저거 해라' 시킬 수 있던 때가 아니었거든요. 본인이 직접 다 해야 됐지요. 항상 노심초사하면서 조심스럽게 사셨어요. 그런데 어머니가 음식은 잘 하셨죠. 혹 손님이 오면 어려운 살림 형편이었지만 나물을 볶고 지지고 해서 십수 가지 반찬을 내놓곤 했지요. 그런 것은 참 잘했어요. 떡 같은 것들 모양도 잘 냈고요.

정현목은 어린 시절부터 아버지를 따라 제사나 묘사에 많이 참석했다. 차종손에 대한 기대감이 있었기 때문이었으리라. 또한 나라에 충성하고 집안에는 효도하는 충효를 갖춘 집안으로서 영천에서도 손꼽히는 사대부 집안이라는 말을 수시로 들으면서 자랐다. 특히 불천위 조상의 충의정신과 그 아들의 효에 대한 이야기도 많이 들으면서 자랐다. 그래서 그런지 그도 명예를 매우 소중하게 생각하는 사람으로 성장하였다. 그가 군인의 길을 택하게 된 데도 어려서부터 조상의 행적을 보고 들은 것이 큰 계기로 작용하였다고 한다.

어려서부터 정현목은 아버지로부터 종손으로서의 예의범절에 대해 많은 가르침을 받았다. 그래서 어린 시절부터 애어른 소리를 들을 만큼 조용하고 어른스러웠으며, 문중의 어른들로부터 '차종손은 걱정 없다'는 칭찬의 말도 많이 들었다고 한다. 그러나 20대 후반의 나이에 아버지가 훌쩍 돌아가셔서 졸지에 종손이 되어 버린 정현목은 걱정이 많았다. 당시 그는 군인 장교로서 집을 떠나 살고 있었는데, 경기도 아니면 강원도 등지에서 근무하였기 때문에 영천에서 지내는 제사에 참석하기가 쉬운 일이 아니었다. 그럴 때면 종손의 자리를 어머니와 문중 어른들이 대신하여야 하였다. 더구나 아직도 종손으로서 전수받아야 할 많은 것들을 온전하게 체득하지 못한 상태였기 때문에 느끼는 막막한 중압감은 말로 표현하지 못할 정도였다.

그래도 고향 가까이 군생활을 할 때는 제사 때 꼭 휴가를 내어서 참석하곤 하였다. 그런 상태로 세월이 흐른 뒤 종손은 이제 군에서 전역을 하고 경주에서 대학 교수로 새로운 인생을 살고 있다. 이제부터는 종손 역할을 제대로 충실하게 해야겠다는 책임감도 크게 느끼고 있다. 그래서 문중 회의가 있으면 꼭 종회 회장과 함께 참석하고, 그 자리에서 문중 어른으로부터 자신이 잘 모르는 집안 내력 이야기도 많이 듣는다. 이렇게 종손 수업을 차근차근 하고 있는 셈이다.

종부는 경주김씨 문중에서 시집왔다. 대학시절에 만난 같은 영천 출신인 동갑내기와 27세에 결혼을 했다. 그녀는 사실 종가에 대해 잘 모르는 상태에서 시집을 온 후 군인인 남편을 따라 이곳저곳 먼 지방을 돌아다니다 보니 아직 초보 종부이다. 하지만 종부로서 자신에게 주어진 역할을 운명처럼 받아들이고 각오를 새롭게 하고 있다. 노종부가 건강할 때 하나라도 더 많은 것을 전수받으려 노력 중이다.

2. 변화 속의 지킴이

　　호수종가에서는 1990년에 전 종손이 세상을 떠난 후 열린 문중 어른들의 회의에서 제사와 관련하여 몇 가지 중대한 변화를 결정하였다. 그동안의 4대봉사를 2대봉사로 축소하였고, 고향에서 멀리 떨어져서 근무하던 종손을 배려하여 기제사는 사는 곳에서 지방으로 제사 지낼 수 있도록 융통성을 발휘하였다. 또 직계 조상들의 무덤이 모여 있는 하천묘역의 시제는 10월에서 4월로 옮겼다. 이러한 조처들은 현재에 맞게 변화를 추구함으로써 오히려 전통을 유지할 수 있게 하는 필요한 조처들이었다.

　　그러나 변화 속에서도 지키고 있는 것이 있다. 종손은 지금도 제사를 새벽 1시에 지낸다. 그는 시대의 변천에 따라 시간을 조정할 필요가 있다고는 본다. 사실 농경사회에서는 제사 지내고 이튿날 조금 쉬고 농사지어도 되지만, 산업사회인 지금은 직장 출근 시간이 있으니 어려움이 많다는 것을 알고 있다. 밤 1시에 제사를 지내기 시작해 음복이 끝나고 나면 대개 새벽 3시쯤 된다. 그 후 집에 가게 되면 별로 쉬지도 못한 채 다시 출근해야 되는 어려움이 있는 것이다. 그래서 많은 집안에서는 제사를 밤 8~9시에 지내고 12시 전에는 집에 가는 방법으로 다음 날 출근 지장을 최소화하려고 한다. 이를 종손도 모르는 바가 아니다. 하지만 조상의 덕을 기리는 마음과 제사를 준비하는 정성만은 지켜져야 한다는 입장이어서 아직 시간을 고수하고 있다.

> 저는 어릴 때부터 감이 한 개 있더라도 어머니가 "이것은 제사 지낼 물건이다"라고 하면 아무리 먹고 싶어도 절대로 그것에는 손을 안 댔어요. 떡을 하나 해 오더라도 제사 전에는 그 떡을 안 먹었습니다. 그것도 어떻게 보면 아무 것도 아닌 것처럼 보이지만 조상에 대한 하나의 예의이고 정성이라고 생각했거든요. 제사는 조상에 대한 덕을 기리고 업적을 기리는 자리이니까 제 성의를 다한다는 자세로 지내야 되지 않겠느냐 이렇게 생각합니다.

종손은 요즘 새로운 직장에서 자신의 삶을 계획하느라 바쁘다. 그래서 아직까지 그는 종손으로서 문중활동을 많이 하지는 못한다. 그러나 그는 종손으로서 자신이 해야 할 일에 대한 생각은 가지고 있다. 그는 다른 종가에 대해서도 관심을 가지고 있으며, 불천위 조상의 업적을 기리는 일을 해 보고 싶다고 한다.

> 지난번에 종중회의에 가서 이렇게 이야기한 바 있습니다. 저는 아직까지 제 먹고 살기 바쁘고 그렇습니다. 종손이지만 종손 역할을 하지 못한 것이 사실입니다. 그러나 앞으로는 저도 서서히 나이가 들어가면 제가 살아온 뿌리를 찾지 않겠습니까? 그렇다면 저도 제 조상이 옛날에 위대한 일을 하신 사실을 알고, 나아가 제 조상의 이러한 업적을 세상 사람에게도 알리고 싶습니다. 조상 없는 후손이 어디 있을 수 있겠습니까.

종손은 종가의 문화자원으로의 활용에 대해서도 긍정적으로 생각하고 있다. 다만 조상의 정신을 알고 우리 옛 문화를 보급하는 방향으로 이루어져야 한다는 생각을 하고 있다. 정씨 문중은 영천 자양면의 강호정에서 방학 때 한학교실을 열어 문중의 자제들에게 전통문화를 체험하도록 하고 있다. 그는 문화자원으로의 활용에도 이러한 방식의 교육이 접목되어야 더 효과적일 것이라는 생각인 것이다. 그러면서 작금의 변화하는 세태에 대해서는 아쉬운 마음을 표출하였다. 전통의 예의범절이나 조상에 대한 관심보다는 눈앞의 영어나 수학, 시험이나 대학 입시가 더 우선시 되는 현실 세태가 못내 아쉬운 것이다. 그러나 이는 요즘의 젊은 세대의 부모뿐 아니라 종손의 부모 세대에서도 정도의 차이는 있지만 마찬가지가 아니었던가? 여기에 종손의 고민이 있다. 아쉬움은 그냥 아쉬움으로 남겨 놓아야 되는가?

호수공의 16대 종손 정현목

자신의 아들에게 생각이 미치면 마음은 한층 더 복잡해진다. 다음 세대의 종가문화 유지에 대해 내심 걱정이 많은 것이다. 그는 아들 형제를 두었지만 그 아이들이 종가문화를 앞으로 얼마나 계승해 줄 수 있을지 염려가 되는 것이다. 문중을 통틀어 집안의 제사에 참석하는 제관 중 젊은이가 거의 없다는 사실이 사태의 심각성을 잘 나타내 준다.

내가 죽고 난 뒤에 나의 뒤를 이어받은 아들이 과연 종손에 대한 개념이 얼마만큼 있을지 염려스러운 점이 많이 있거든요. 시대가 이렇게 흘러가다 보니까. 내가 어릴 때는 집안에 제사라든가 문중에 제사가 있으면 젊은 제관들이 많이 참석하였는데, 지금은 제관이라 해 봤자 전부 칠십이 넘었고, 육십오 세 정도 되는 분이 가장 젊은 축에 들어갑니다. 육십 넘은 분들도 전부 제사상 들고 옮겨야 하는 그런 시대가 되었거든요. 더구나 그런 칠십 팔십 되는 어른들도 당신 혼자 오시지, 당신 아들들을 데리고 오지 않거든요. 그만큼 세상이 전통적인 그런 것을 생각하지 못할 정도로 각박하게 변한 것입니다. 따라서 종가문화라고 하는 것도 얼마만큼 이어질 수 있겠는가라는 그런 생각이 많이 듭니다.

종손 자신도 청장년 시절 고향에서 멀리 떨어져 있는 직장 때문에 종손의 의무에서 조금은 자유롭게 보낸 경험이 있지 않은가. 이 문제는 종손이 홀로 해결할 수 있는 문제도 아니고 문중 전체가 지혜를 모아 풀어야 할 큰 숙제인 셈이다.

해결 못할 숙제는 아니라는 생각이다. 현재 시간적 여유를 좀 가지고 있는 정현목은 종손으로서의 책임감을 상당히 가지고 있다. 그는 불천위 조상의 충의정신을 새기며 군인으로서의 명예를 중시하는 삶을 살아왔었다. 앞으로도 그는 조상의 역사가 깃든 종가를 보존하면서 조상의 업적을 후손들에게 널리 알리고 싶은 바람을 가지고 있다. 그리고 그를 뒷받침하는 문중이 종약회를 중심으로 튼튼한 버팀목이 되어 주고 있다. 정세아 종가에는 아직 희망이 있는 것이다.

참고문헌

고　은, 『만인보 1』, 창작과비평사, 1986.
김문기·강정서, 『경북의 구곡문화』, 경북대학교 퇴계연구소, 2008.
박약회 영천지회, 『충효의 고장 영천』, 대보사, 2006.
영천시·경북대영남문화연구원, 『영천의 누정』, 학민문화사, 2008.
이원석, 『영천 지명유래 및 마을 변천사』, 영천문화원, 2010.
이형석, 『임진전란사』, 임진전란사간행위원회, 1974.
정태일, 『오천정씨 이야기』, 만인사, 2008.
최효식, 『경주부의 임진항쟁사』, 경주시문화원, 1993.
＿＿＿, 『임란기 경상좌도의 의병항쟁』, 국학자료원, 2004.

국사편찬위원회, 「임진왜란」, 『한국사(조선중기의 외침과 그 대응)』 29, 1995.
권영배, 「산남의진의 조직과 활동」, 『역사교육논집』 16, 역사교육학회, 1991.
우인수, 「훈·지수 정만양·규양 형제의 시대와 그들의 현실 대응」, 『동방한문학』 28, 동방한문학회, 2005.